LES VOSGES PITTORESQUES

SCICULE

GUEBWILLER

SOULTZ — GRAND-BALLON

ublié sous le Patronage de la

n des Syndicats d'Initiative des Vosges

par la Maison

BRAUN & Cie

Guebwiller

Fascicule comprenant :

LA VALLÉE DE GUEBWILLER

:: LE VIEIL ARMAND ::

LE MASSIF DU GRAND-BALLON

LA RÉGION DU LAC DU LAUCHEN

Extrait du Guide illustré

: publié en 3 volumes :

sous le patronage de la

:: FÉDÉRATION DES VOSGES ::

DES SYNDICATS D'INITIATIVE

Braun & Cie Éditeurs

LA VALLÉE DE GUEBWILLER

La vallée de Guebwiller commence à l'Est de la chaîne principale des Vosges, et se dirige en de fortes ondulations de l'Ouest à l'Est. Elle est arrosée dans toute sa longueur, 15 km. environ, par la Lauch qui, après sa sortie de Guebwiller, suit le côté Ouest de la plaine du Rhin et se jette près de Horbourg dans l'Ill.

La vallée s'ouvre en entonnoir vers la plaine, et ses montagnes basses d'abord, s'élèvent graduellement à mesure que l'on avance vers son extrémité ; elle se termine en un cirque entouré de cimes assez élevées.

Sur la droite de la vallée, les montagnes aux sommets en plateaux sont d'un aspect uniforme. Le massif opposé s'élève plus rapidement, les hauteurs affectent des formes coniques, les vallées transversales sont profondes et accidentées.

La haute montagne, barrant le fond de la vallée, est revêtue de sombres forêts et cache deux belles nappes d'eau : le lac du Ballon et le lac du Lauchen. La masse imposante du Grand-Ballon, au sommet couvert de pâturages, domine le côté Sud de la vallée.

C'est à son aspect riant et fleuri que la vallée de Guebwiller doit son surnom de Florival. En effet, aucune autre vallée des Vosges n'est parée de plus de verdure, de forêts plus profondes et plus touffues. Dans la partie inférieure les coteaux ont été plantés de vignes qui produisent des crus renommés ; dans la partie supérieure l'exploitation des nombreuses carrières de grès vosgien fournit des pierres de taille et des pierres meulières ; dans le fond des vallons, les rochers sont recouverts de végétation et entourés de sapins et de hêtres. Des sources cachées dans les hauts pâturages alimentent des torrents qui eux-mêmes grossissent les eaux de la rivière qui coulent dans la vallée ; de belles et vertes prairies longent ses bords et des sites gracieux se succèdent et en varient l'aspect. L'industrie devient prospère à mesure qu'on s'avance vers le débouché de la vallée.

VOIES D'ACCÈS

En chemin de fer :

De **Mulhouse à Bollwiller,** 18 km., par la grande ligne de Bâle à Strasbourg ; en express environ 18 minutes ; en omnibus environ 35 minutes. — Pour plus de détails voir sous Mulhouse.

De **Colmar à Bollwiller,** 25 km. ; en express environ 23 minutes ; en omnibus environ 45 à 50 minutes.

Changement de train pour la vallée.

De **Bollwiller à Lautenbach,** terminus de la ligne de la vallée, 14 km. en 40 à 45 minutes. — 5 km. *Soultz*, dominé par le Vieil-Armand. — 8 km. *Guebwiller*, sur la Lauch, Sous-Préfecture et centre industriel. — 9 km. *Heissenstein*. — 11 km. *Buhl*, bourg industriel. — 12 km. *Schweighouse*, point de départ pour la vallée de Soultzmatt. — 14 km. *Lautenbach*.

Par la route :

Partir de la gare de Bollwiller, traverser le village et se diriger vers Soultz. A la sortie de cette vieille petite ville prendre à gauche (le chemin à droite conduit à Isenheim), pour atteindre en quelques minutes *Guebwiller*, localité la plus importante de la vallée. De là, suivre la grande route et s'engager à la première bifurcation à droite dans la direction de Buhl (le chemin à gauche va vers Murbach), village industriel que l'on traverse. Peu après se détache à droite un chemin qui, par Schweighouse, entre dans le vallon de Saint-Gangolphe et mène à Soultzmatt.

La grande route se poursuit à gauche par *Lautenbach* et *Linthal*, traverse la Lauch après les dernières maisons de ce village ; à 200 m. du pont, borne marquant l'emplacement de l'ancienne première ligne française pendant la guerre ; un peu plus loin le Monument Brun. La route entre en forêt, et côtoie les gorges sauvages de la Lauch, puis des pâturages, atteint la maison forestière du *Niederlauchen* ou Dauvillers. Un peu au delà de celle-ci, on laisse à gauche le chemin qui grimpe au lac du Ballon. Puis la route décrit une grande courbe, pour monter à travers la forêt au lac du Lauchen, laissant l'ancien « Pionnierweg » à gauche.

Mais cette route en construction actuellement ne sera pas praticable aux autos avant 1928. — Actuellement on peut encore aller en auto jusqu'au lac du Lauchen par l'ancienne route, mais les automobilistes ne devront s'y engager, qu'avec prudence.

Du *Lac du Lauchen* la route également en construction, contourne le lac, décrit des grands lacets et atteint la *ferme du Markstein* où elle fait sa jonction avec la Route des Crêtes. — Celle-ci se dirige : à droite vers le *Rainkopf*, le *Hohneck* et la *Schlucht;* à gauche (en construction et impraticable jusqu'en 1928) vers le *Mordfeld*, puis contourne le *Storkenkopf* au Nord, passe près de l'*auberge du Haag* où elle rejoint la route venant de Geishouse-Moosch, pour atteindre l'*hôtel du Grand-Ballon*, 800 mètres plus loin. La route se prolongera plus tard par le *Firstacker* (Sudel) et le *Freundstein* vers le *Silberloch* (Vieil-Armand), où elle rejoindra la route construite en 1926 qui descend sur Uffholtz et Cernay.

Du *Markstein* une route praticable descend sur *Ranspach* et *Wesserling*.

(Toutes ces routes à partir du lac du Lauchen sont souvent en pente raide et très pierreuses. Les automobilistes devront s'y engager avec prudence et avec de bonnes voitures, munies de freins puissants.)

LES ABORDS DE LA PLAINE

Bollwiller (235 m. ; 1.192 habitants ; Buffet de la Gare ; diverses auberges au village ; loueur d'autos : *Ch. Obrist)*, important nœud de voies ferrées ; c'est un village industriel et agricole qui doit son essor à deux établissements horticoles considérables, appartenant aux familles Baumann et Gayet, renfermant des pépinières d'arbres fruitiers *et d'ornement*, qui s'étendent surtout entre Bollwiller et Soultz.

Photo A. Muller, Guebwiller

Le village, déjà mentionné au XIIIe siècle, appartenait à une famille du même nom et passa au XIVe siècle à la maison Waldner de Freundstein. A cette époque le bourg est mentionné dans les actes comme ville. Chef-lieu d'une seigneurie qui dépendait des comtes de Fugger, le village fut donné par Louis XIV, en 1649, aux comtes de Rosen. Les Lorrains incendièrent la localité en 1652. — Le château de Bollwiller, construit dans le style du Gothique tardif, était entouré d'eau et servait lors de la Révolution de maison de détention. Une des cages d'escalier du château porte la date de 1599. Une partie des dépendances a été convertie en filature ; cette propriété appartient aujourd'hui aux mines de potasse.

* * *

Bollwiller — Mines de potasse

Entre Bollwiller et Wittelsheim d'une part, et Wittelsheim et Ensisheim d'autre part s'étend la région principale des Mines de potasse, dont les gisements comptent parmi les plus puissants de l'Europe. Ils occupent une superficie d'environ 200 km. carrés et une épaisseur de 4 à 5 mètres. — Leur découverte est due à l'industriel Joseph Vogt de Niederbruck qui, recherchant du pétrole, rencontra à une profondeur de 627 à 649 mètres de la potasse. Exploités aujourd'hui par l'Etat et une société minière, les puits en activité fournissent une production journalière de 4.000 à 5.000 tonnes. Les Mines de potasse constituent une source de richesse pour l'Alsace et la France, mais s'étendant de plus en plus, elles déparent complètement le beau paysage de cette région.

* * *

La route départementale entre Bollwiller et Soultz traverse une région fertile et entre à Soultz, vieille petite ville, située à l'entrée des vallées de Guebwiller et de Rimbach, au pied de coteaux tapissés de vignes.

SOULTZ

CENTRE D'EXCURSIONS

Soultz (270 m. ; 4.383 habitants ; **hôtels :** *des Deux-Clefs et Central*, place du Marché ; *des Vosges* et *du Raisin*, Grand'rue ; *Hôtel de la Gare*, Ernest Berdelé, 15 lits. **Restaurants :** *Chasseur*, *Couronne* et *Weissenhorn*, Grand'rue. **Autos :** *Emile Zeyer*, *Kageneck*. **Ligne d'autobus :** Guebwiller-Soultz-Wattwiller-Cernay, deux à quatre services par jour. **Syndicat d'initiative,** 48, Grand'rue), situé au pied du Vieil-Armand, chef-lieu de canton et petite ville essentiellement industrielle. Soultz possède un tissage de soie ; une fabrique de chaussures ; une usine de pièces détachées pour filatures et tissages ; des fonderies ; des ateliers de construction et des scieries.

Soultz est déjà cité au VIIe siècle. Son nom dérive peut-être d'une ancienne source saline. Autour du château de Bucheneck qui date du XIIIe siècle, se groupèrent les maisons du futur bourg qui fit partie du Haut-Mundat. Mentionné comme ville au milieu du XIIIe siècle et fortifié vers la même époque, Soultz fut saccagé, en 1356, par les Anglais, et, en 1497, par les Autrichiens. En 1525, les habitants participèrent à la guerre des Rustauds et, en 1634, la ville subit un pillage par les troupes du comte palatin Louis. — Le 14 et le 31 octobre 1870, des escarmouches entre francs-tireurs alsaciens et troupes allemandes eurent lieu devant les portes de la ville et sur la place. — Au début de la guerre mondiale une rencontre de patrouilles françaises et allemandes se termina par la mort d'un cavalier français ; quelques soldats allemands rendirent les armes. — Soultz a été sérieusement endommagé par le feu de l'artillerie du Vieil-Armand.

L'église paroissiale Saint-Maurice est une construction à 3 nefs de diverses époques. Le chœur date du XIIIe, la nef des XIVe et XVe siècles. Le portail principal porte la date de 1489, le portail latéral celle de 1562 ; son tympan est orné d'un relief biblique de la fin du XIVe ou du début du XVe siècle. Deux chapelles, dont l'une appartenait aux Waldner de Freundstein, ont été ajoutées au XVe siècle aux côtés latéraux. L'étage inférieur de la tour appartient au XIVe, le second étage au début du XVIIe siècle. La croix qui surmonte le clocher date de 1738. La cloche est de 1454. A l'intérieur de l'église se trouve une belle chaire Renaissance et une madone sculptée du XVe siècle. Les piliers du sanctuaire portent de nombreuses *marques de tâcherons*. A gauche de l'entrée principale était suspendue jadis une pierre des bavards, représentant une tête de gorgone. Dans la chapelle des Waldner on voit quelques pierres tombales des XIVe au XVIIIe siècles. —

Sur la place du marché se trouve une fontaine monumentale, surmontée de la statue de saint Maurice ; elle a été érigée en 1878 en remplacement d'une plus ancienne. Au fond de la place on remarque un monument commémoratif, élevé aux soldats morts pendant la guerre de Crimée (1854-1855).

La maison des chevaliers de Malte, saccagée en 1525, se trouve sur la route de Guebwiller ; elle porte sur un linteau la date de 1502. — La halle aux blés date de 1860. — Dans une rue latérale, du côté de la porte de Bollwiller, se trouve une vieille maison appelée à tort « temple des païens » ; quelques parties de cette construction remontent au XIe ou XIIe siècle. Au centre de la ville subsistent encore diverses maisons gothiques et de la Renaissance, avec escaliers à vis. Soultz a conservé au Sud, au Nord et à l'Ouest quelques vestiges des anciennes fortifications, avec petites tours.

PROMENADES ET EXCURSIONS

1° **Soultz-Hartmannswiller (village) -Wattwiller,** 7 km., environ 2 heures ; la promenade peut se faire en auto.

Quitter la ville par la rue du Ballon et tourner à gauche. Prendre la route de Soultz à Cernay — *Ind.* — et la suivre, en laissant le village de Wuenheim à droite. A gauche s'élève la butte Saint-Georges, où se trouvent les ruines d'un ancien château ; peu après, à droite, on voit l'entrée du vieux château d'Ollwiller, entièrement détruit au cours de la dernière guerre.

Ce château appartenait aux comtes de Ferrette. Vendu, en 1260, avec ses dépendances, aux Waldner de Freundstein, ceux-ci le conservèrent jusqu'à la Révolution. Il fut démoli en 1750 et reconstruit en 1752. En 1825, il passa à la famille Gros de Wesserling qui le restaura et en fit une jolie demeure, bâtie dans le style Louis XV, et entourée d'un magnifique parc et de beaux jardins.

A gauche de la grande route se détache un chemin — *Ind.* — qui conduit en quelques minutes au village de **Hartmannswiller** (255 m. ; 370 habitants), dominé par le Vieil-Armand.

Le village appartenait avant le XIIIe siècle à l'abbaye de Lucelle, puis à celle de Murbach. En 1331, il est signalé comme fief des Waldner de Freundstein. Le château était propriété de la famille de Hus et depuis 1450 des Waldner ; il est mentionné peu après comme ruine. La construction actuelle dite château, avec 2 tourelles, date de 1718 et sert de ferme. Dans un abri en béton, à proximité du château, a été installé un petit musée de guerre. — L'église gothique du XIVe siècle, avec tour du XIIIe siècle, est entourée d'un cimetière fortifié, classé comme monument historique.

Le village a été très malmené pendant la guerre ; presque toutes ses maisons ont été endommagées et beaucoup d'entre elles ont dû être reconstruites.

Derrière Hartmannswiller se dresse le *Schimmelrain,* petite élévation, dont l'intérieur cache les ruines d'un établissement romain. On y découvrit, vers le milieu du dernier siècle, de nombreuses antiquités, dont le torse d'un aigle en marbre blanc et des fragments d'un pavement en mosaïque.

Ressortir du village par une route latérale qui rejoint la route départementale que l'on suivra en ligne droite. A droite s'élève la forêt communale de Berrwiller, à gauche on voit le village de *Bertschwiller.* Après une vingtaine de minutes on atteint une bifurcation — *Ind.* —. Suivre de là à droite pour arriver en quelques minutes à **Wattwiller** (360 m. ; 1200 habi-

Mine de potasse d'Alsace — Puits Amélie II

Soultz — La place

Le sommet du Vieil-Armand

Sur la route près de la Cantine

Le sommet en 1919

ıants ; hôtels-restaurants : *Cheval blanc ; Lion d'or)*, admirablement situé au pied du Molkenrain.

Le village formait, aux XII° et XIII° siècles, avec Uffholtz et les châteaux Herrenfluh, Hirzenstein et Weckental, le bailliage de Wattwiller qui dépendait de l'abbaye de Murbach. Fortifié, en 1260 et élevé au rang de ville, Wattwiller a été ravagé, en 1376, par les Anglais, en 1444, par les Armagnacs, et, en 1468, par les Suisses. En 1525 les Rustauds y subirent une sanglante défaite. Occupé par les Suédois en 1634, le village fut également dévasté par les Lorrains en 1652. — Le château à tourelles, de la fin du XIII° siècle, appartenait en dernier lieu à la famille de Gohr. L'église du XII° siècle, restaurée au XV° siècle, a été presque complètement démolie pendant la dernière guerre ; elle est en reconstruction. Elle possédait des fresques du XIV° siècle, malheureusement détruites. Au village se trouvent quelques maisons de la Renaissance et un puits de 1577. — Wattwiller était avant la guerre une petite station thermale qui exploitait deux sources ferrugineuses et arsénifères. La localité a été gravement atteinte par les bombardements de 1915. L'établissement de bains et les deux tiers des maisons ont été détruits, mais reconstruits depuis.

On peut utiliser pour le retour à Soultz la correspondance automobile Guebwiller - Wattwiller - Cernay (4 fois par jour). — De Wattwiller à Cernay 4,8 km. — De bons marcheurs reviendront à Soultz par le chemin *du Bruderpfad* qui longe le pied de la montagne, traverse la forêt, laisse le château d'Ollwiller à droite et débouche sur la route de Wuenheim. Traverser le village à droite et rejoindre ensuite la route départementale — *Ind.* —. Continuer à gauche et entrer à Soultz par la rue du Ballon (environ 2 h. 30).

2° **Soultz-Vieil-Armand** par Wuenheim, environ 4 h. 30 à 5 heures aller et retour. Itinéraire praticable pour autos jusqu'à la cantine, mais mauvais et dangereux.

Sortir de Soultz par la rue du Ballon ; à la bifurcation continuer à gauche et se diriger sur Wuenheim. Laisser ensuite la route départementale à gauche, suivre la route à droite et traverser **Wuenheim** (293 m. ; 1.000 habitants ; restaurants : *Soleil ; Deux Clefs).*

Le village faisait partie du Haut Mundat et possédait depuis 1477 un couvent de Franciscains, dont il ne reste plus de traces. Le château du XIII° siècle a disparu au XVI° siècle durant la guerre des paysans.

A la sortie du village, franchir à gauche le ruisseau et laisser peu après à droite le chemin de Sainte-Anne (calvaire). Continuer par la route carrossable qui s'élève en lacets et traverse la forêt, de plus en plus dévastée. Elle conduit en pente raide jusqu'à l'ancienne cantine allemande *(auberge du Vieil-Armand,* 15 lits) avec belle vue sur la plaine. — Arrêt des autos et des voitures. — De là, en laissant à gauche et à droite des abris bétonnés, des chemins de fer de campagne, des chalets d'été pour les officiers (devant lesquels se dresse un monument allemand), il faut environ 1 heure pour monter au sommet, où l'on voit de nombreux tunnels qui perçaient la montagne et reliaient les tranchées, des observatoires bétonnés et des organisations diverses. Sur le versant Sud-est s'élève le monument des chasseurs bavarois. Le rocher le plus élevé porte une croix haute de 6 mètres, érigée par les engagés volontaires du Haut-Rhin, en mémoire des héros morts pour la patrie. Sous celle-ci se trouve le monument du 152° régiment d'infanterie appuyé contre un rocher et inauguré en juillet 1921. — Du sommet belle vue sur la plaine du Rhin, la Forêt-Noire et les Alpes.

Les piétons peuvent varier l'itinéraire ci-dessus en empruntant aux abords de la forêt le sentier dit *Gril-*

lenpfad qui rejoint plus haut la grande route ; on la suivra jusqu'à la cantine. Derrière celle-ci monte un sentier escarpé vers le sommet. Il est pourtant préférable de rester sur la route jusqu'au cinquième tournant ; s'engager de là dans le sentier dit *Kreuzotterpfad*, qui longe jusqu'au sommet toute une série d'anciennes organisations militaires, ainsi que les restes d'un funiculaire. — Après le bas-relief en bronze du 125e R. I. on peut continuer sur le même sentier jusqu'aux premières tranchées du *Silberloch*. La station terminus de l'ancien funiculaire reste à droite. Peu après on atteint le monument du 8e chasseurs allemands (environ 1 heure). De là revenir par un petit sentier qui rejoint la cantine.

Au Silberloch se trouve un grand cimetière militaire français, au-dessus duquel un monument national est en construction et qui comprendra une crypte avec ossuaire et des chapelles pour les trois cultes.

3º **Soultz-Vieil-Armand** par Hartmannswiller. Itinéraire praticable pour autos. Voir sous Nº 1.

Au croisement des routes, à droite du village — *Ind.* — continuer sur la droite (la route départementale Guebwiller-Wattwiller-Cernay se poursuit tout droit) et croiser 2 km. plus loin le *Bruderpfad* (impraticable pour autos). La route, construite par les Allemands pendant la guerre et qui rejoint plus haut celle venant de Wuenheim, conduit en lacets presque jusqu'au sommet de la montagne. Elle est en mauvais état et il faut la suivre avec prudence.

Le Vieil-Armand ou Hartmannswillerkopf

Le Vieil-Armand (956 m.), relié au Grand-Ballon par le Molkenrain, est un contrefort isolé de la chaîne des Vosges qui domine toute la plaine du Haut-Rhin. C'est autour de son sommet et sur ses pentes que se déroulèrent, entre le 22 mars et 22 décembre 1915, les luttes héroïques et sanglantes qui visaient la possession complète de cette position avancée. Celle-ci permettait aux Français l'observation facile de la plaine et donnait aux Allemands l'accès dans la vallée de Thann, alors française. — En janvier 1915, un peloton

de chasseurs tenait le sommet. Attaqué par surprise, puis cerné par des forces supérieures, il dut se rendre après une résistance opiniâtre. Les Allemands s'y installèrent et firent du sommet une forteresse. L'attaque française, du 22 mars, répara quelque peu le premier échec en disloquant la position ennemie. Une seconde attaque, le 26 mars, fut plus heureuse ; elle réussit à atteindre la crête du Vieil-Armand. Une contre-attaque allemande, du 26 avril, quoique foudroyante, ne put déloger les Français du sommet. — Depuis lors la lutte ne cessa plus ; ardente et passionnée, elle se poursuivit jusqu'au mois de décembre, sans que l'un ou l'autre adversaire réussit à s'organiser au sommet, qu'aucun d'ailleurs ne parvenait à dépasser. — Le 21 décembre

Vieil-Armand — Le Monument du 152e R. I.

1915, le 152e régiment d'infanterie remporta un plein succès, mais le lendemain une contre-attaque allemande, exécutée avec des troupes fraîches, reprit possession du sommet ; elle fut arrêtée là par les efforts surhumains des troupes françaises qui s'y maintinrent en partie. — Dès ce moment les positions se stabilisèrent ; les adversaires s'organisèrent autour de la crête et construisirent dans les rochers des ouvrages de défense formidables qu'on admire encore aujourd'hui.

Depuis 1920 le Vieil-Armand est classé territoire historique.

4º **Soultz-Freundstein** env. 2 heures 15 à l'aller. Itinéraire praticable pour autos jusqu'à la *Cascade du Kaltenbach.*

Sortir de Soultz et suivre à droite la route qui dessert le vallon de Rimbach. A la bifurcation continuer tout droit, laisser à gauche un chêne dit *Tafeleiche* et s'engager ensuite dans le **vallon du Kaltenbach.** Le chemin rejoint, peu après, celui venant de Wuenheim. A droite s'élève une roche porphyrique appelée *Rauhfels* (de son sommet, vue sur les environs) qui surplombe le chemin que l'on suivra jusqu'au tournant où se trouve une croix. En face — *Ind.* —, se détache un sentier assez raide qui laisse à gauche, à quelques pas, la *cascade du Kaltenbach* et qui débouche plus loin sur le grand chemin. Continuer à gauche ; le sentier traverse un pré, franchit le ruisseau et en suit la rive droite. Il remonte ensuite à droite, fait un coude à gauche et atteint la métairie *Kohlschlag* (détruite). De là on arrive en une dizaine de minutes au *col du Kohlschlag* (824, 8 m.). A droite débouche la route forestière du Kaltenbach. Du col même, à droite, part le sentier qui se dirige vers le *Firstacker* (25 minutes). Emprunter le chemin à gauche pour gagner en 20 minutes la **ruine du Freundstein** qui servit d'observatoire aux postes français pendant la guerre et qui eut fortement à souffrir des batteries allemandes.

Le château (928 m.), primitivement un fief de la famille de Jungholz et de l'abbaye de Murbach appartenait, dès 1250, aux Waldner. Il fut endommagé, en 1356, par un tremblement de terre ; assiégé et pris, en 1441, par les bourgeois de Mulhouse ; en 1490, par ceux de Soultz et ravagé, en 1525, par les paysans en révolte. Restauré, en 1529, il fut détruit par la foudre, en 1562. A partir de ce moment, le château resta inhabité. Les ruines, insignifiantes, appartiennent encore aujourd'hui à la famille Waldner, qui ajouta, en 1545, à son nom celui de Freundstein et qui fut élevée par Louis XV, en 1748, à la dignité de comte.

De la ruine à la **métairie du Freundstein** (auberge), un quart d'heure.

De la métairie suivre le sentier qui monte à gauche en lacets, contourne le *Riesenkopf* (1078,2 m.), traverse une prairie, puis un bois. On atteint le sommet du **Molkenrain** (1125,2 m. ; environ 45 minutes), qui domine le Vieil-Armand et d'où l'on jouit d'une vue magnifique sur la montagne et la plaine : au Sud se dressent le Jura et les Alpes ; au Sud-ouest s'élèvent le Ballon d'Alsace, le Drumont et le Ventron ; à l'Ouest le Storkenkopf et le Grand-Ballon ; au Nord le Tænnchel, le Climont, les Trois-Epis et le Haut-Königsbourg ; à l'Est s'étend la plaine du Rhin depuis Strasbourg jusqu'à Bâle, et au delà du Rhin, on voit la Forêt-Noire et le Kaiserstuhl. En descendant du sommet, à la première bifurcation, le chemin de droite conduit à la *cantine du Molkenrain* (8 minutes) ; de là on se dirige à gauche vers le **Vieil-Armand** (environ 40 minutes).

Le retour du Freundstein à Soultz peut s'effectuer par un sentier qui prend à droite peu après la ruine et qui suit un petit torrent (Neuwegbaechle) ; il aboutit à une route forestière. Avant la jonction, un sentier monte à gauche et conduit à une chapelle en bois, dédiée à *Notre-Dame de la Victoire*, élevée dans un ancien camp de guerre par le 7e bat. de chasseurs alpins à la mémoire du *capitaine Sicurani*, mort pour la patrie. En continuant par le même sentier on arrive peu après à la **ruine du château Hartfelsen.**

Il date du XIIIe siècle et fut un fief de l'évêque de Strasbourg. Au XIVe siècle il était entre les mains des Pfaffenheim et, en 1455, propriété des Morimont. Détruit sans doute en 1525, lors de la guerre des Rustauds, il n'en reste plus que quelques pans de murs et des amas de pierres.

Revenir sur ses pas et suivre la route forestière qui rejoint à un tournant le chemin du vallon du Kaltenbach que l'on suivra, soit à droite par Wuenheim, soit à gauche sur la route de Jungholtz.

5° **Soultz-Thierenbach-Sainte-Anne,** env. 2 heures 30 aller et retour. Itinéraire praticable pour autos. De Soultz à Jungholtz, voir p. 23.

Arrivé là s'engager à gauche sur une route qui mène directement à Thierenbach (le sentier, qui à la sortie du village se dirige à droite sur Sainte-Anne, est en mauvais état).

Le *pèlerinage de Thierenbach* (auberge en face de l'église ; non loin, la maison forestière de Thierenbach : rafraîchissements) est encore de nos jours très fréquenté. Il s'élève sur l'emplacement d'un ancien couvent relevant de Cluny, fondé par les comtes d'Eguisheim, en 1135. Le couvent fut détruit, en 1525, par les Rustauds et incendié pendant la guerre de Trente ans. Réédifié, il passa aux Jésuites et fut supprimé pendant la Révolution. — Un incendie détruisit, en 1884, la toiture de l'église qui date de 1700. Le sanctuaire fut complètement restauré en 1892. Des vestiges de l'ancienne église romane ont été découverts lors de la démolition du couvent et encastrés dans le mur du presbytère actuel. — Dans l'église on voit de nombreux ex-voto et des peintures remarquables de Martin Feuerstein.

De l'église suivre la route carrossable qui se poursuit à travers une belle forêt et monte doucement à la chapelle et à l'hôtel de **Sainte-Anne** (environ 20 minutes). Un second chemin longe à peu de distance la grande route ; il est surtout utilisé par les promeneurs. Un dernier sentier enfin se détache à droite un peu au delà de l'auberge et monte directement à la chapelle.

Thierenbach et Sainte-Anne

Sainte-Anne (443 m. ; *hôtel Sainte-Anne avec restaurant*, 120 lits ; service automobile depuis la gare de Soultz à tous les trains pendant la saison) est une cure d'air située en pleine forêt sur l'emplacement d'une ancienne chapelle-ermitage qui fut une construction romane, de forme octogonale. Le petit sanctuaire actuel se trouve au centre des bâtiments de l'hôtel ; il renferme une bonne statue de sainte Anne, mais qui ne date que de 1723. — L'hôtel a subi de graves dommages pendant la guerre. A un quart d'heure de Sainte-Anne on voit des fortifications allemandes bien conservées ; pour y arriver, utiliser le sentier qui part à droite un peu au delà de l'hôtel.

On peut rejoindre *Rimbach-Zell* (environ 1 heure)

en quittant Sainte-Anne par un chemin qui traverse la forêt et franchit le torrent Lutterbaechle. En prenant alors à gauche, toujours sous bois (au haut du col on a une échappée sur Rimbach-Zell), on atteint Rimbach-Zell près de l'église. Traverser le village et en quelques minutes on débouche sur la route de la vallée.

* * *

Sainte-Anne-Firstacker environ 2 heures.

De Sainte-Anne suivre la route forestière qui monte à gauche — *marques : rouge-blanc-rouge* — ; elle contourne la vallée du Lutterbach en un lacet étroit et se dirige vers le Hochborn en formant un second lacet. De là elle va en ligne droite au *Holzwasen*, ancien pré, aujourd'hui boisé.

On peut raccourcir la promenade de quelques minutes en utilisant un sentier — *marques : rouge-blanc-rouge* — qui longe d'abord la route forestière et s'en détache pour rejoindre celle venant du vallon du Kaltenbach. Continuer en contournant le *Thierenbachkopf* (834,7 m.), jusqu'au Holzwasen. Non loin de là se trouvait un cimetière militaire allemand. Le sentier se poursuit en lacets (à gauche s'en détache le sentier Kohlschlag-Freundstein ; — *marques : triangle rouge* —) ; laisser la métairie détruite du Sudel à droite. Après une vingtaine de minutes on débouche au **Firstacker** (950 m.), dominé au Sud-est par le Sudelkopf (1009 m.) et au Nord-ouest par le Grand-Ballon (1424 m.). A gauche cimetière militaire français important ; belle échappée sur la vallée de Saint-Amarin.

Le premier sentier qui part à gauche du Firstacker mène au **Grand-Ballon** en passant par la métairie *Goldmatt* (auberge), le second y conduit par la *Belchenhütte* (auberge ouverte toute l'année), env. 1 heure 30. Un troisième sentier se dirige vers le *Judenhutplan*, environ 1 heure 40, un quatrième enfin, à droite, sur **Rimbach** (1 heure).

* * *

LE VALLON DE RIMBACH

Le pittoresque vallon de Rimbach, presque parallèle à la vallée du Guebwiller, est traversé d'un bout à l'autre par le torrent Rimbach, peuplé de truites, qui descend des pentes Est du Grand-Ballon. Il est exclusivement industriel ; ses habitants travaillent dans les usines ou s'occupent de l'exploitation des forêts et du commerce du bois. Le vallon est fortement encaissé et ses deux versants sont couverts de forêts profondes . Au fond, ses dernières sinuosités, parsemées de métairies, se perdent sur les hauteurs du Ballon.

Partir de la gare de Soultz, croiser la route départementale et traverser la ville dans la direction Ouest par la rue du Ballon. A la sortie, bifurcation : on se dirige à gauche vers Wuenheim, à droite vers Thierenbach. S'engager à droite et au carrefour suivant, entouré d'une scierie, d'une tuilerie, d'un blanchiment et d'un moulin, continuer à droite sur la grande route qui mène en quelques minutes à **Jungholtz** (330 m. ; 645 habitants ; usine de pièces détachées pour tissages et filatures ; tissage ; carrières ; moulins).

L'histoire du village se confond avec celle de son château du XIe siècle, propriété d'une famille de Jungholtz et dont une restauration eut lieu en 1465. — Dix ans plus tard il passa aux Schauenbourg qui le possédèrent jusqu'à la Révolution et qui lui donnèrent leur nom. Sa destruction complète date de 1793. Les vestiges du château sont insignifiants : quelques pans de murs se trouvent un peu au-dessus du vaste cimetière israélite, le plus ancien d'Alsace.

Un chemin se dirige à gauche, le long du mur du cimetière, vers la chapelle-pèlerinage de *Thierenbach.*

Suivre la grande route qui entre après une demi-heure de marche à **Rimbach-Zell** (480 m. ; 328 habitants), petite localité située dans une dépression sur le versant gauche du Ballon et qui a beaucoup souffert pendant la guerre mondiale. La route continue à grimper, toujours dominée par la haute montagne. **Rimbach** (550 m. ; 206 habitants ; auberge : *Aigle d'or)* qui barre le fond du défilé, est pittoresquement situé dans un décor alpestre et sauvage. Les deux villages de Rimbach faisaient partie du Haut-Mundat et devinrent au XVIIIe siècle un fief des Waldner de Freundstein.

* * *

EXCURSIONS

a) **Rimbach-Firstacker** (environ 2 heures aller et retour).

Sortir de Rimbach à l'Ouest, franchir un petit pont et rester sur la rive droite du Rimbach. On prendra peu après à gauche le sentier qui mène à l'ancienne **métairie du Sudel**, détruite pendant la guerre. Continuer à monter par un sentier pierreux pour atteindre le col du **Firstacker** (950 m.) qui sépare le Grand-Ballon de la *Tête du Sudel* (1009 m.) d'où l'on a une belle échappée sur la vallée de Wesserling. Du côté gauche se trouve un cimetière militaire français.

b) **Rimbach-Zell-Holzwasen-Firstacker** (env. 4 heures aller et retour).

Traverser le village et en sortir au Sud. Emprunter ensuite le sentier à gauche qui monte d'abord doucement, puis en lacets, pour rejoindre plus haut, au Hochborn — *(marques : rouge-blanc-rouge)* — la route forestière venant de Sainte-Anne. De là on continuera jusqu'au **Holzwasen.** — On monte à gauche à la *Tête de Thierenbach* (834,7 m. ; environ 15 minutes). — Un sentier grimpe en lacets du Holzwasen vers la *métairie du Sudel* (détruite), que l'on laisse à droite ; suivre le Sudelkopf à flanc de coteau pour atteindre en 40 minutes le **Firstacker.**

En suivant de Soultz la grande route départementale, on arrive par la rue Charles X à Guebwiller. On laisse la gare à droite. **Guebwiller,** situé à l'entrée de la vallée de la Lauch et sur la rive droite de la rivière, est entouré de vignobles et de collines boisées. Chef-lieu d'arrondissement, à 288 m. d'altitude, la ville, centre industriel très important, compte près de 13.000 habitants.

Jüngholtz — Vue générale

Ste-Anne

Hôtel Ste-Anne (443 m. alt.) près du Hartmannswillerkopf

Guebwiller — Vue générale

Guebwiller — L'église des Dominicains

GUEBWILLER

CENTRE D'EXCURSIONS

RENSEIGNEMENTS DE SÉJOUR

Hôtels : *de l'Ange*, près de la gare, 30 lits ; *du Canon d'or*, rue de la République, 138, 25 lits ; *Touriste* (8 lits) *du Ballon*, 36, rue de la République.

Restaurants : *Tonneau d'or*, rue Anatole France ; *Klein*, « Au Raisin » (8 lits) ; *Rœlly*, place St-Léger.

Hors ville : *Seiler*, route de Buhl ; *Wehrlé*, hôtel-pension « Beauséjour », près du Heissenstein.

Autres cafés : *Cadé* (vins de Guebwiller) ; *Borer*, café Central (cinéma) ; *Glœntzlé*, café Français ; *Grœtz*, café Alsacien ; *Kopp*, café de la République, etc. etc.

Services d'autobus : Départ près de la gare : Guebwiller-Soultz-Wattwiller-Cernay (deux fois par jour dans les deux sens). Guebwiller-Isenheim-Rouffach-Soultzmatt (env. 50 min. ; deux fois par jour dans les deux sens). Autobus et taxis sur demande route de Colmar. Taxis : Martin ; Bloch-Kritter ; Thomas.

Garages : route de Colmar en face de la gare.

Poste : rue G. Clémenceau 10

Bains publics : avec piscine, dans la ville haute.

Syndicat d'initiative : pavillon à la gare. On y obtient gratuitement tous les renseignements rélatifs aux Vosges, aux villégiatures, au tourisme, au commerce et à l'industrie de la région.

Distractions : stade, sports d'hiver, bibliothèque avec salle de lecture à l'école de perfectionnement. Trois cinémas.

Industrie : Grande industrie textile, filés et tissus de coton, tissus de laine, fil à coudre, cordes ; meubles ;

TABLEAU

des

Promenades et Excursions

décrites dans ce guide

Grand-Ballon (à partir du Collège)	4 h
Murbach (route de Buhl tournez à gauche).	1 1/2 h
Murbach (par le Peternit ou le Hochkopf).	2 h
Sudel (par le Collège, Bildstöckle et Rimbach)	3 h
Vieil-Armand (par le Collège, Bildstöckle, Jungholz et Thierenbach)	4 h
Petit Ballon (par Lautenbach, Hilsenfirst et Bönlesgrab).	5 h
Lac du Lauchen (par Linthal, Oberlauchen)	5 1/2 h
Lac du Lauchen (par Niederlauchen)	4 1/2 h
Schäfertal (par l'Oberlinger, passer le pont).	2 1/2 h

construction de machines pour l'industrie textile ; scieries mécaniques et autres ; cartonnerie et imprimerie. Vins réputés : Kitterlé, Olber, Sehring, Scheiwing, qui comptent parmi les meilleurs du pays.

HISTOIRE : Guebwiller est une fondation de l'abbaye de Murbach. Petite ville au XIIIe siècle, elle fut fortifiée vers 1270. Les nobles d'Angreth, dont le château s'élevait au Nord-Ouest de Guebwiller, s'opposèrent à la construction du mur d'enceinte et molestèrent des habitants. Ceux-ci, avec l'aide de l'abbé de Murbach, détruisirent le château, en 1271. En 1285, l'abbé Berthold de Steinbrunn s'empara de Guebwiller, dont les bourgeois, aidés par quelques nobles, avaient refusé le paiement du tribut à l'abbave. L'expulsion des nobles de la ville rétablit l'autorité de l'abbé. En 1445, les Armagnacs essayèrent de s'emparer de la cité qui fut sauvée par la vaillance d'une femme nommée Brigitte Schickin et, selon la légende, par l'apparition miraculeuse de saint Valentin, dont on commémore encore de nos jours l'intervention opportune par une procession solennelle. Les bourgeois de Guebwiller se joignirent, en 1525, aux paysans en révolte qui pillèrent les couvents. La ville fut saccagée, en 1633, par les Suédois, les Alliés et les Français. Le chapitre noble de Murbach y transféra son siège, en 1659, et y resta jusqu'à la Révolution. — Depuis lors Guebwiller se développa rapidement et devint un centre industriel important.

Guebwiller — Vue générale

LA VILLE

La rue de la République ou Grand'rue traverse la ville d'un bout à l'autre. En venant de la gare par la rue Anatole France, on débouche en face de l'*église*

Notre-Dame, dernier sanctuaire classique de l'art français en Alsace, construite entre 1766 et 1785 dans le style Louis XVI par Casimir de Rathsamhausen.

Sa façade à deux étages présente une double rangée de colonnades, surmontée à droite d'une tour (la seconde qui devait flanquer le côté gauche n'a jamais été achevée). L'intérieur surprend par ses dimensions et par la beauté du décor. La nef centrale est séparée des nefs latérales par des rangées de colonnes corinthiennes. Au-dessus du maître-autel s'élève une très importante Assomption, exécutée par le sculpteur Fidèle Sporer, tandis que les boiseries et les stalles qui entourent le chœur sont dues à sa fille Hélène Sporer. — L'église possède un petit musée qui renferme des souvenirs des princes-abbés, des reliques, des parchemins et des plans anciens.

Sur la place de l'église se dresse une fontaine moderne ; à gauche se trouve le temple protestant.

Suivre la Grand'rue ; à droite, au fond d'une rue latérale s'élève *l'église des Dominicains*, construite dans le style gothique, depuis 1312 jusqu'en 1478.

Elle se compose d'une nef accompagnée de latéraux, suivie directement et sans transept, du chœur, flanqué d'une absidiole au Nord. Contre le mur Sud se dresse la tour octogonale du clocher. La façade occidentale s'ouvre sur une porte cintrée, surmontée d'une fenêtre en tiers-point ; le tympan de la porte latérale est décoré d'anges thuriféraires. L'intérieur de l'église était richement ornée de fresques, dont les vestiges sont encore visibles dans la nef ; elles datent du XIVe et du XVe siècle. La mieux conservée représente la vision de sainte Catherine de Sienne. — Les bâtiments réguliers se trouvent au Nord de l'église et entouraient le cloître. On y voit une belle madone du XVIe siècle, deux magnifiques bas-reliefs en bois, des XVe et XVIe siècles. et un beau crucifix en ivoire du XVIe siècle. La nef de l'église a été transformée en halle, le chœur en salle de concert et le cloître en hôpital.

En remontant la Grand'rue on remarque à gauche *l'Hôtel de ville*, construit, en 1514, dans le style Renaissance par Marquart Heller le Drapier, mais qui a subi diverses restaurations malheureuses.

Une petite niche gothique à son angle Nord renferme une Vierge du XVIe siècle, placée sous un dais. Une loggia établie en encorbellement sur la façade affecte la forme d'une tonnelle à cinq pans, surmontée d'une balustrade bordée de créneaux. Des caissons rectangulaires sous les fenêtres, rehaussées de peintures, montrent l'aigle impérial, les armoiries de Guebwiller et de Murbach. L'édifice est surmonté d'une flèche légère et élégante. Un escalier à vis dessert les étages.

Dans la ville haute à droite s'élève *l'église Saint-Léger.*

La construction remonte à la fin du XIIe siècle et sa façade, en grès rouge, compte parmi les chefs-d'œuvre de la transition du roman au gothique. Vers la fin du XVIe siècle, on ajouta de chaque côté de la nef principale, des nefs latérales. Le chœur a été remanié aux XVIIe et XVIIIe siècles, enfin, en 1860, eurent lieu de grands travaux de restauration et de consolidation.

Saint-Léger comporte un porche à cinq baies, surmonté de deux tours carrées, qui donne accès à une nef flanquée de doubles bas-côtés. La croisée ou transept est dominée par un clocher octogonal.

Le chœur se termine en abside pentagonale. Les tours de la façade sont étayées par de puissants contreforts. Le portail, en plein cintre, se compose de fûts lisses, cannelés et torses, surmontés de chapiteaux à décor de feuilles et de

Guebwiller — Église Saint-Léger

calices ou ornés d'oiseaux. Sur le tympan le Christ bénissant est représenté assis sur un trône entre la Vierge et saint Léger. La nef, haute et rétrécie, est flanquée de bas-côtés formant une série de chapelles. La tour polygonale de la croisée porte à la jonction des toits du chœur, du transept et de la nef quatre statuettes, représentant des personnages sculptés. La flèche est surmontée d'un nid de cigognes, ce qui a valu à la tour le nom de « Storchenturm ». Dans la partie méridionale du transept sont conservées les échelles et les engins de bois et de cordes, pris aux Armagnacs, en

1445. Dans le chœur on voit de magnifiques stalles en bois sculpté de la fin du XVIIIe siècle.

L'église Saint-Léger se rattache par ses particularités de construction à l'époque de transition en France et rappelle des influences venues de l'Ouest, peut-être de la Bourgogne, sinon de la Normandie.

Derrière l'église se trouve le *tribunal cantonal* et une maison construite dans le style de la Renaissance. Muni d'une belle loggia avec inscription et date, la porte d'entrée de l'immeuble porte l'inscription « *Laus Deo* » et la date de 1585.

A côté de l'église et devant l'hôtel du Canon d'or se dresse une *fontaine Renaissance* qui représente un dôme sculpté, soutenu par trois piliers carrés et surmonté d'une statue de saint Léger. Elle est classée parmi les monuments historiques.

Guebwiller possède quelques autres constructions anciennes, dispersées çà et là. Dans la Grand'rue existe une maison du XVIIe siècle, ornée d'une *Vierge gothique avec enfant*, placée sur console Renaissance. L'école des Sœurs dans la rue de l'Hôtel de ville est une maison gothique avec tour et escalier à vis ; sur la porte d'entrée on voit la date de 1586. Dans la rue de la Commanderie se trouve une maison avec loggia Renaissance, portant la date de 1504 ; un autre immeuble dans la même rue présente les dates de 1606 et 1640. La rue de la Monnaie témoigne de l'existence à Guebwiller d'un atelier monétaire, installé par l'abbaye de Murbach, en 1544. Près de la Monnaie s'élève une maison du XVe siècle, ornée d'une petite loggia triangulaire et une grande construction Renaissance, dont la tour à escalier à vis s'ouvre par une belle porte sculptée (1628).

A l'entrée de la ville, venant de Soultz, se trouve le jardin public « Parc de la Marseillaise » avec un monument érigé au céramiste Théodore Deck. A mi-côte vers la maison forestière de l'Ax la Promenade Déroulède, le monument David Bloch, le cimetière militaire. Dans la ville haute, place des Cours populaires, le monument aux Morts.

PROMENADES ET EXCURSIONS

1. **Oberlinger,** env. 2 heures 30 aller et retour ; — *marques : disque jaune* —.

Partir de la gare, traverser le pont de la Lauch et le passage à niveau. Emprunter un sentier à droite (près d'un calvaire) et monter en lacets à travers le vignoble jusqu'à la lisière de la forêt. Puis, soit à droite vers une croix (des Missions), d'où l'on jouit d'un magnifique panorama ; soit à gauche en direction du cône de l'Oberlinger. En suivant le sentier qui y monte en zigzags on atteint les *Roches du Coucou*, masse imposante de rochers en grès ; on voit non loin des vestiges d'anciennes fortifications moyen-âgeuses, attribués à tort aux Romains. — Du sommet de l'Oberlinger (573 m.) on jouit d'une vue étendue sur Guebwiller, la vallée, les deux Ballons, le Molkenrain et le Vieil-Armand. — On suivra ensuite le chemin de la crête et on descendra à droite sur Heissenstein (ou tout droit sur Saint-Gangolphe).

2. **Guebwiller-Bildstœckel-Bruderhaus-Hugstein-Guebwiller,** env. 2 heures aller et retour ; — *marques : rectangle rouge, bande blanche* —.

Partir de la gare et continuer jusqu'à l'église *équestrale* Notre-Dame ; de là prendre à droite en suivant la Grand'rue. S'engager à gauche dans la rue Joffre peu avant l'Hôtel de ville et continuer jusqu'à la bifurcation au delà du collège. Le chemin à droite traverse les vignes, longe la *promenade Déroulède*, entre sous bois et débouche au *Bildstœckel;* le chemin à gauche, bien entretenu, monte en ligne droite au Bildstœckel (461) m.), où se trouve une croix légendaire, entourée de pierres. — Derrière la croix à gauche aboutit un chemin qui descend sur Jungholtz ; un chemin de chars se dirige à droite vers Rimbach-Zell, un autre vers le col de Peternit ; un quatrième enfin, devant la croix, contourne le flanc du *Heidebuckel* (552,2 m.) pour atteindre le *Nez de Soultz*.

On prend à droite — *Ind.* — *marques : disques jaunes* — un chemin qui traverse de belles sapinières, puis quittant le chemin, et laissant à droite et en dessous l'ancien ermitage du *Bruderhaus* dont l'emplacement est indiqué par une fontaine surmontée d'une croix, on prend un sentier à gauche qui contourne le Liebenberg, coupe le chemin forestier du Peternit, puis rencontre un autre sentier que l'on suit à droite —

Guebwiller — Intérieur de l'église St-Léger

PHOTO WELTY

Guebwiller — Monument Deck

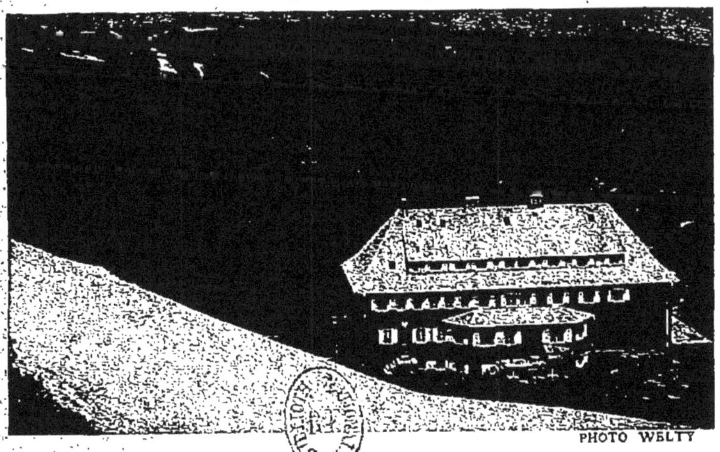

PHOTO WELTY

L'Hôtel du Club Vosgien au Grand-Ballon (1423 m. alt.)

Le Panoram Grand-Ballon

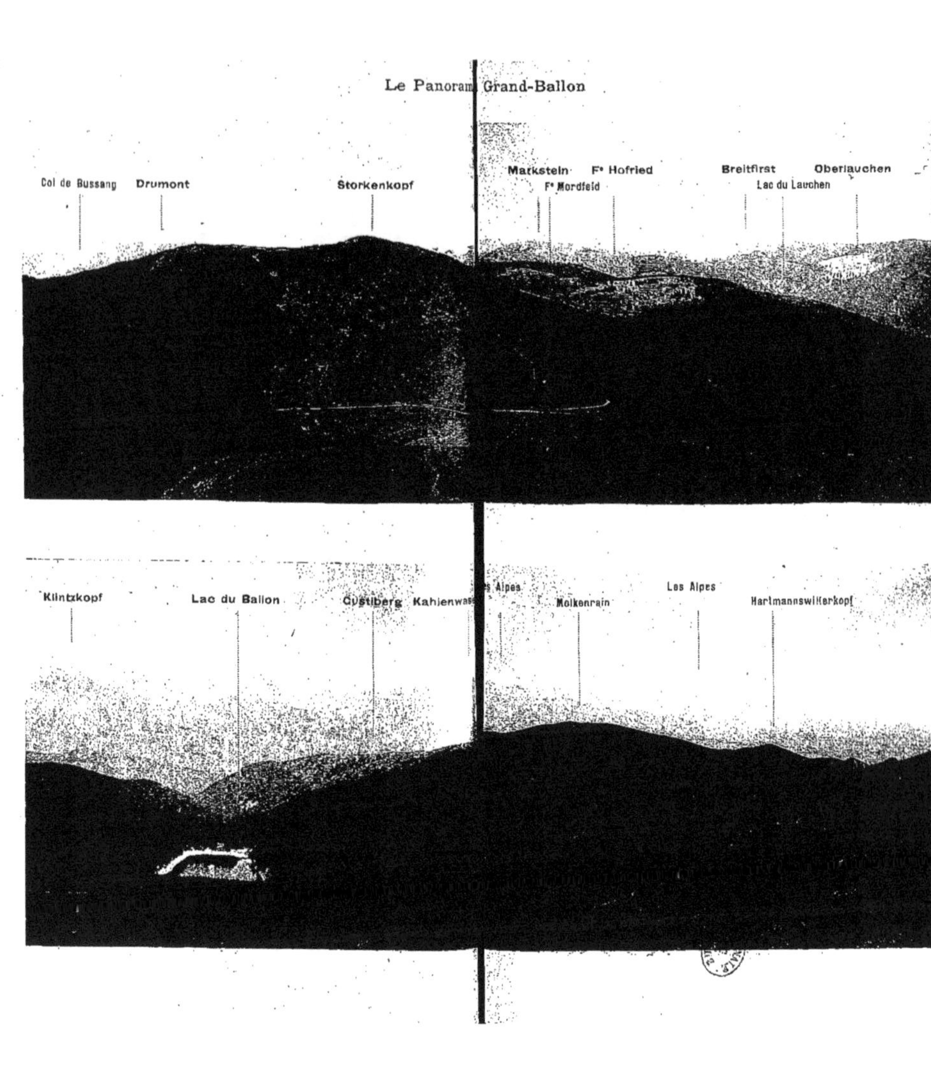

Buhl

L'Hôtel du Pont St-Barnabé

Le vallon de Murbach

marques : rectangles jaunes, — et qui mène au château du Hugstein. —

Le sentier marqué de disques jaunes contourne le Hochkopf et mène à la ferme du Rimlishof dans la vallée de Murbach. —

Le *château du Hugstein* a été construit, en 1216, par l'abbé Hugues de Rothenburg. En 1313, on y ajouta une chapelle et au XVe siècle deux nouvelles tours complétèrent la fortification. Restauré en 1514, le château fut détruit, en 1542, au cours d'une lutte entre le doyen Henri de Jestetten et l'abbé Rodolphe Stœr de Stœrenburg. Au XVIIe siècle la ruine servit de prison ; on y enfermait des sorcières, dont quelques-unes furent brûlées devant le château. Encore en 1798, certaines parties du château étaient habitées par de pauvres gens.

Le prince-abbé Barthélemy d'Andlau mourut au Hugstein, en 1476, étouffé, selon la légende, par le diable qui avait pris la forme d'un gros chat noir. Cette version malveillante qui passa dans tous les livres de légendes, a été inventée au XVIIIe siècle par le chroniqueur dominicain Séraphin Dietler de Guebwiller.

Pour le retour un sentier descend de la ruine vers la grande route qui mène à Guebwiller.

3. **Guebwiller-Isenheim,** env. 1 heure aller et retour. Itinéraire praticable pour autos.

Suivre à partir de la gare la route vicinale qui longe la rive droite de la Lauch et qui entre à **Isenheim** (245 m. ; 1805 habitants ; restaurants : *Ville de Guebwiller ; de la Marne ; du Tonneau d'or ; Schwartz*).

A droite se trouve l'ancien *couvent des Antonites*, commanderie depuis la fin du XIIIe siècle, dont dépendaient le prieuré de Froideval près Belfort et, depuis le XVIIe siècle, les Trois-Epis et la maison des chanoines de Saint-Etienne à Strasbourg. Les Jésuites occupèrent le couvent au XIXe siècle et les sœurs de Ribeauvillé y créèrent un asile pour sourds-muets et plus tard une école ménagère.

Les Antonites se sont rendus célèbres dans l'histoire de l'art aux XVe et XVIe siècles ; la plus remarquable pièce de leur couvent, l'autel de Grunewald, du XVe siècle, se trouve aujourd'hui au Musée d'Unterlinden de Colmar.

Le *vieux château d'Isenheim* était situé à l'Est du village. Fief de la famille de Haus, il passa aux nobles de Schauenbourg qui firent prisonniers trois frères de la maison de Bade et les retinrent dans leur château, en 1460. Les vestiges de cette ancienne demeure seigneuriale sont insignifiants.

Le village d'Isenheim appartenait autrefois à l'abbaye de Murbach et fut incendié pendant la guerre de Trente ans. A la suite de la rupture de la digue du lac du Ballon, le 20 décembre 1740, des masses d'eau se précipitèrent dans la vallée, inondant la contrée, emportant et détruisant tout sur leur passage. Grâce à son mur d'enceinte Guebwiller fut sauvée, mais le village d'Isenheim eut 14 maisons détruites et deux personnes noyées. De nombreux immeubles de la localité restèrent longtemps inhabitables. — Au village existent encore quelques maisons de la Renaissance.

Sur la rive gauche de la Lauch, à l'Est d'Isenheim, se trouvait autrefois le village d'Ostein, disparu partiellement avec son château pendant la guerre de Trente ans et définitivement après la Révolution.

4. **Guebwiller-col du Peternit,** env. 2 h. aller et retour.

Prendre le chemin qui suit la rive gauche de la Lauch et qui longe la montagne ; continuer jusqu'à la station de *Heissenstein.* De là s'engager à gauche, traverser la rivière et rejoindre la route départementale que l'on suivra sur environ 200 mètres. Tourner à gauche près d'une fabrique — *marques : rectangle rouge, bande blanche* — et utiliser le chemin forestier jusqu'au premier grand tournant. A gauche, près de la forêt se dresse une fontaine surmontée d'une croix en fer au lieu dit *Bruderhaus* (voir N° 2). Le chemin monte en grands lacets ; après 35 minutes se détache à droite le sentier qui mène au *Hugstein.* De là on atteint en 10 minutes le **col du Peternit** (563 m.), d'où partent divers chemins et sentiers — *Ind.* — : à droite — *marques : cercles jaunes* — se trouve la descente vers le pont *Saint-Barnabé-Murbach* (20 à 35 minutes) ; tout droit — *marques : rectangles rouges à bande blanche* — un sentier monte par le *Münsteraeckerle* aux prés du *Judenhutplan* (969,6 m. ; env. 1 heure 45) ; le chemin forestier permet de rejoindre *Rimbach* (20 min.), tandis qu'un sentier qui se détache à gauche se dirige sur *Rimbach-Zell* (15 minutes). Enfin un dernier sentier, en arrière, conduit au *Bildstœckel* (25 minutes).

5. **Guebwiller-Peternit-Judenhutplan-Grand-Ballon,** environ 3 heures 55. De Guebwiller au Peternit, voir N° 4. *(Rectangles rouges à bande blanche.)*

Continuer à droite par un sentier — *Ind. Münsteræckerle* — qui monte légèrement (la route vers Rimbach reste à gauche) et contourner le *Geiskopf* (736 m.) qui s'élève à droite. — Vue sur le village de Rimbach, dominé au Sud par le *Schlüsselkopf* (875 m.). — On atteint peu après le petit plateau découvert du **Münsteræckerle** (650 m.), d'où l'on jouit d'une belle vue sur les alentours. Suivre de là à gauche. La montée s'accentue le long du flanc Sud de l'*Ebeneck* (858,7 m.) que l'on contourne à gauche. Traverser ensuite des prés, entrer sous bois, puis déboucher sur les pâturages du **Judenhutplan** (source ; cabane ; environ 1 h. 30). Au

Nord se dresse une roche remarquable appelée *Flühfelsen.* — Un second sentier, transformé en route pendant la guerre, contourne le versant Nord de l'Ebeneck.

Pour aller du **Judenhutplan** au **Grand-Ballon** on peut utiliser quatre chemins différents :

a) par le **Firstbrunnen** — *marques : rouge, barré de blanc* — : quitter à gauche et longer en pente douce le versant Sud du Judenhut (1232,2 m.) pour gagner le *Firstbrunnen.* Continuer de là en un grand lacet jusqu'à la jonction avec la route venant du Markstein. En face se trouve l'**hôtel du Ballon** (environ 1 h.).

b) par le **versant Nord du Judenhut** — *marques : rouge, barré de blanc* —: suivre le chemin à droite qui contourne le versant Nord de la montagne ; souvent dénudé et exposé au soleil, il rejoint la route venant du Markstein et monte ensuite à l'**hôtel du Ballon** (environ 1 heure 15).

c) par la **métairie du Rœdelen :** le sentier quitte au Nord du Judenhutplan. Il contourne d'abord le versant Nord-est de la montagne, où il domine les vallons de Belchenthal et de Felsenbach. Presque toujours sous bois, il aboutit au *Lieserwasen* — *marques bleues* —. A la bifurcation continuer à gauche — *marques : rouge, blanc, rouge* — ; le sentier contourne la partie supérieure du vallon de Felsen- ou du Kletterbach et revient en pointe aiguë vers la *métairie du Rœdelen* (1180 m.), située au milieu de hauts pâturages. Au Nord, en contrebas, le **Gustiberg** (977 m.). Peu après, on rejoint la route du Markstein — *marques : rouge, barré de blanc* — que l'on suivra jusqu'à l'**hôtel du Ballon** (env. 1 heure 50).

d) par la **chaume du Ballon.** Quitter le Judenhutplan au Sud, croiser le chemin du Firstbrunnen et continuer en pente douce à travers la forêt et des pâturages ; laisser à gauche le chemin qui se dirige vers le Firstacker et suivre à droite. On atteint en une vingtaine de minutes la **chaume du Ballon ou Belchenhütte.** Monter de là à droite ; le sentier se poursuit en de nombreux lacets et rejoint au haut le sentier venant de la *Goldmatt.* On arrive peu après à l'**hôtel du Ballon** (environ 2 heures).

LE GRAND-BALLON

(BALLON DE SOULTZ OU DE GUEBWILLER)

CENTRE D'EXCURSIONS ET CURE D'AIR

Le **Grand-Ballon** (1424 m.), point culminant de la chaîne des Vosges constitue un massif en forme de pyramide à base triangulaire, d'où rayonnent dans tous les sens de nombreux rameaux. Chacune de ses faces est creusée par des vallées latérales, dont les plus importantes aboutissent au Sud et au Sud-ouest à la vallée de la Thur, à l'Est à celle de Rimbach, au Nord à celle de Murbach. Au point de vue géologique, le massif du Ballon présente les diverses formations du terrain de transition, traversé par une large bande de granit ; sa base consiste en grès vosgien. Le vaste dôme de la montagne est entouré de bons pâturages, où séjournent durant la bonne saison des troupeaux de vaches. Le massif n'a point de pics décharnés et dénudés ; partout les cimes sont arrondies et les parois plus ou moins raides ou régulières.

On a cherché les origines de son nom dans une analogie de forme de la montagne et d'un ballon, mais nulle part sa conformation n'a déterminé l'emploi du mot « Ballon », dont l'orthographe autrefois usitée était Balon ou Bâlon. Le nom dérive de Beleus ou de Peleus, deux radicaux celtiques qui signifient « éclairé par le Soleil » ou « habité par le dieu Soleil ».

On jouit du sommet du Ballon d'une vue des plus étendues dans toutes les directions ; les tableaux variés que l'œil embrasse sont complétés par le déploiement à l'horizon de toute la chaîne des Alpes suisses et de la Savoie. En été, la vue du côté des Alpes est souvent voilée ; pour jouir du panorama complet il faut une journée claire et calme des mois de septembre ou de février.

La vue du sommet du Ballon est en général la suivante *(voir table d'orientation au sommet)* : à l'Est la plaine du Rhin et au delà du fleuve la Forêt-Noire ;

au Sud le Sudel, le Molkenrain, le Vieil-Armand, le Jura et par un temps clair les Alpes ; au Sud-ouest la vallée de Saint-Amarin avec ses villages, le Rossberg et le Bærenkopf ; à l'Ouest le Ballon d'Alsace, le Ballon de Servance et le col de Bussang ; au Nord-ouest le Ventron, le Rotabac, le Rainkopf et le Hohneck ; au Nord le Brézouard, le Donon, le Petit-Ballon, le Hohnack, les Trois-Epis et tout près le lac du Ballon, caché dans un entonnoir profond et sombre.

Près du sommet le Club vosgien a fait construire un grand hôtel, en remplacement de l'ancien hôtel, détruit pendant la guerre ; il est ouvert toute l'année et possède une centaine de lits en chambres et dortoirs. — Le Ballon est accessible en auto ou en voiture ; (jusqu'en 1928 seulement par la vallée de Thann via Moosch-Geishouse. Route difficile qui ne peut être parcourue que par de fortes voitures). Il est relié à la grande route des Crêtes, dont les prolongements par le Molkenrain, Vieil-Armand à Uffholtz d'un côté et vers le Markstein de l'autre, seront livrés dans un avenir prochain à la circulation. — Le monument des Diables bleus, au sommet, est en voie de construction.

Tous les Commerçants devraient soutenir les SYNDICATS D'INITIATIVE qui défendent leurs intérêts

LA VALLÉE SUPÉRIEURE DE GUEBWILLER

Quitter Guebwiller par la grande route de la vallée qui longe le pied oriental de la montagne. On laisse à gauche le château d'Angreth (construction du XVIe siècle, transformée au XIXe siècle en logements pour les ouvriers d'une usine voisine), et peu après les ruines du château du Hugstein (voir p. 37), peu visibles de la route. La vallée s'élargit et la Lauch suit le versant occidental de la montagne ; on atteint en quelques minutes les premières maisons du village de Buhl qui barre l'entrée de la vallée supérieure. (De Guebwiller à Buhl 2,9 km.)

⁂ ⁂ ⁂

LE VALLON DE MURBACH

A gauche de la grande route qui traverse la vallée, en face du village de Buhl, débouche le pittoresque vallon de Murbach, couvert de pâturages et de vergers. Sapins, hêtres et herbages confondent leurs teintes ; l'étranglement répété du vallon augmente son aspect pittoresque et son histoire achève de lui donner un caractère de grandeur et de contrastes.

Suivre la route qui décrit un grand coude et qui est resserrée à son début entre le versant septentrional de la montagne et le Murbach. Les prés qui s'étendent à droite s'appellent Weihermatten ; c'est là que saint Pirmin fonda, près de l'étang des Pèlerins *(vivarius peregrinorum)*, le premier monastère avant de s'installer définitivement dans le fond de la vallée.

La route laisse à gauche une petite chapelle derrière laquelle se trouve le *Rimlishof*, cure d'air, ferme et auberge, qui appartenait depuis le XVIe siècle à l'abbaye de Murbach ; on atteint peu après le **pont de Barnabé,** jeté sur le Murbach (un peu au-delà, à gauche, on voit l'*hôtel St-Barnabé*, 30 lits). — On entre au village de Murbach (env. 40 minutes) par un portail style Renaissance qui s'élève entre deux maisons ; on y jouit d'une vue pittoresque sur l'imposante façade de l'église monumentale, construite sur un tertre. (3,7 km.)

Murbach (340 m. ; 300 habitants ; hôtel *Murbach*, 8 lits) est situé au pied de la montagne dans un site charmant. Le village appartenait à l'abbaye de Murbach et partagea son sort. — A droite, avant d'arriver au village, se trouve sur une colline la chapelle de Notre-Dame de Lorette, du XVIIe siècle, construite d'après les plans de la célèbre chapelle du même nom sur l'emplacement d'une autre plus ancienne disparue.

L'abbaye de Murbach, un des plus nobles et des plus puissants couvents de Bénédictins, fut fondée, vers 728, par saint Pirmin qui s'établit primitivement avec quatre compagnons aux alentours de Lautenbach-Zell, Rimbach-Zell et Bergholtz-Zell, puis dans le voisinage du *vivarius peregrinorum* près de Buhl et enfin dans le fond de la vallée de Murbach. A force de labeur et de patience, la contrée sauvage se transforma en un riant jardin et au xe siècle le couvent était en pleine prospérité, mais il fut saccagé, d'après la tradition, par les Hongrois. Il ne tarda cependant pas à se relever et le pape Léon IX et l'empereur Henri III lui confirmèrent tous ses privilèges. Murbach devint peu à peu une des plus illustres abbayes de l'Europe, dont l'abbé portait le titre de prince du Saint-Empire et qui ne relevait que du pape au spirituel et de l'empereur au temporel. Il avait séance et voix dans les diètes avant tous les autres princes-abbés de l'Empire. Pour être admis à Murbach il fallait faire preuve de seize quartiers de noblesse. Détenteurs d'une telle souveraineté, les religieux ne tardèrent pas à devenir de véritables seigneurs, qui affirmèrent leur autorité au détriment du caractère monacal. En 1544 Murbach reçut le droit de battre monnaie ; l'atelier fut installé à Guebwiller. — La guerre de Trente ans porta un coup mortel à l'abbaye ; elle se releva bien de ses ruines, mais n'atteignit plus son ancienne splendeur. En 1764 le pape Clément XIII sécularisa le monastère qui prit le nom d'*Insigne collégiale équestrale* de Murbach ; les religieux vinrent s'installer à Guebwiller et le chapitre noble eut à sa tête Casimir ou Léger de Rathsamhausen. Il embellit leur siège de tout le luxe d'architecture et fit construire la belle église de Notre-Dame. Quand éclata la Révolution, les chanoines se dispersèrent et leurs habitations furent détruites. Le dernier abbé de Murbach, Benoît d'Andlau, mourut, en 1837, à Eichstätt en Bavière.

L'église abbatiale de Murbach date du milieu du xiie siècle ; en 1745 elle était en ruines. Au xixe siècle on y entreprit d'importantes restaurations et réparations qui sauvèrent de la dégradation complète cet édifice, d'un style grandiose et sévère et dont la masse de grès rouge se détache sur la sombre verdure des alentours.

L'église se composait jadis d'un transept surmonté de deux tours et d'un chevet plat, accosté de deux chapelles. Le transept très élevé est délimité par de grandes arcades en plein cintre que l'on retrouve également dans le chœur. L'intérieur est nu et sans ornements ; l'extérieur, au contraire, présente une riche décoration tout en conservant un style sévère. Le chœur à 2 étages, muni de belles fenêtres en plein cintre, porte une rangée de colonnettes avec chapiteaux variés, surmontés d'un pignon entouré d'une corniche à bandes lombardes qu'on rencontre d'ailleurs tout autour de l'édi-

PHOTO WELTY

L'abbaye de Murbach

Linthal

Skieurs au Kahlenwasen

PHOTO WELTY

Lautenbach-Zell

fice. Le tympan du portail du croisillon Sud, montre deux lions affrontés dans un encadrement de rinceaux et de palmettes. Les deux tours, à fenêtres à doubles et triples baies, sont reliées par un simple toit qui remplace une galerie détruite.

A l'intérieur, contre le mur du croisillon Sud, se trouve le tombeau du comte Eberhard d'Eguisheim, qui est une bonne sculpture du XIVe siècle. Dans le bras Nord du transept on voit un sarcophage en pierre, creusé en cu-

Murbach — L'Abbaye

vette et à façade antérieure décorée de médaillons, de losanges et de rubans. A côté de l'autel se dresse un monument, élevé en 1706 par Célestin Beroldingen à la mémoire de sept religieux tués, selon la tradition, par les Hongrois, au Mordfeld. — Les bâtiments réguliers s'étendaient au Sud de l'église ; on en trouve encore quelques vestiges, noyés dans les constructions modernes.

PROMENADES ET EXCURSIONS

1. **Murbach-Münsteræckerlé,** environ 1 heure 30 aller et retour.

a) (direct) Un chemin — *marques : disque rouge* — part à gauche, en amont de l'église de Murbach, franchit le ruisseau et rejoint plus haut le *Neuweg*, le croise et monte en lacets le vallon du *Storenloch* pour arriver au Münsteræckerlé.

b) (par le Pont Barnabé) Revenir de Murbach jusqu'au *pont Barnabé* et suivre le sentier qui monte à gauche en aval du pont. Il longe la rivière et suit un chemin forestier dont il se détache vers le haut, franchit la rivière et aboutit au Münsteræckerlé, petit plateau découvert avec vue.

2. **Murbach-Hohrupf,** environ 2 heures aller et retour.

Suivre le chemin qui monte vers l'église, puis tourner à droite. Le sentier est raide et grimpe en de nombreux lacets jusqu'à la ruine du **château de Hohrupf** (812 m.).

Construit vers 1250 par l'abbé Berthold de Steinbrunn pour la protection de l'abbaye, le château fut donné en fief à la famille de Stœr, en 1311 ; il passa aux Landenberg en 1594. On ignore la date de sa destruction. Ses vestiges sont insignifiants.

Si la visite de la ruine ne présente aucun intérêt, on jouit par contre de cette hauteur de l'une des plus belles vues de la région. La montagne du Hohrupf se dresse en forme de cône presque au centre des vallées de la Lauch et de Murbach et les domine complètement.

On peut allonger la promenade en suivant à droite du Hohrupf le sentier qui monte fortement d'abord et qui descend ensuite en de nombreux lacets vers le **col du Schrangen** — *Ind.* — où l'on rejoint le chemin d'exploitation venant de la *Wolfsgrube*. Continuer à droite (le sentier à gauche se dirige vers Lautenbach), traverser le chemin d'exploitation et descendre vers la vallée par un chemin forestier qui débouche près de la première maison de Murbach (env. 1 heure 15) — *marques : rectangles rouges* —.

3. **Murbach-Grand-Ballon,** environ 5 à 6 heures aller et retour.

En amont de l'église se détache à gauche un sentier — *Ind. marques : disques rouges* — qui franchit un petit pont et monte en deux lacets vers les pâturages ; il aboutit au Neuweg, chemin forestier qui s'ouvre un peu avant le pont Barnabé. Prendre le Neuweg — suivre les marques M rouge — qui contourne le *Geistal* et gagne le *Judenhutplan*, après avoir traversé de belles forêts (source ; refuge ; env. 1 heure 30). De là au

Grand-Ballon en 1 heure 15 à 1 heure 30 environ ; (voir sous Guebwiller N° 5).

4. **Murbach-Lieser Wasen-Grand-Ballon,** environ 5 h. 30 aller et retour.

Remonter le village de Murbach jusqu'en aval du hameau Belchental, dépasser une niche avec croix et continuer à droite — *marques : disque rouge* —. On atteint la lisière de la forêt ; rejoindre ensuite près de la *Wolfsgrube* un chemin d'exploitation qui tourne à gauche et remonte, après un grand lacet, le versant Est de l'*Ospenkopf ou Hœrnle* (879 m.). Il débouche sur le chemin venant de Lautenbach — *marques : rouge-blanc-rouge* —. A droite part le sentier du lac du Ballon par le Gustiberg — *marques : rectangle bleu* —. Continuer à gauche et en quelques minutes on aboutit au *Lieser Wasen*. Vue sur le vallon de Murbach. — De là au **Judenhutplan** par 2 chemins.

a) Monter tout droit — *Ind. et marques bleues* —, puis à droite, toujours par la forêt. Peu après, bifurcation. Suivre le chemin à gauche qui mène directement au Judenhutplan (25 minutes). Pour la montée au Grand-Ballon voir sous Guebwiller N° 5.

b) Même itinéraire jusqu'à la bifurcation. De là à droite — *Ind. et marques : rouge-blanc-rouge* — ; le chemin contourne le versant Nord du *Judenhut*. Continuer à monter et rejoindre le chemin venant de la métairie du *Rœdelen* ; traverser ensuite les pâturages pour aboutir au chemin de voitures qui mène au Grand-Ballon (env. 1 heure 20).

* * *

(2,9 km.) **Buhl** (340 m. ; 3.400 habitants ; hôtels : *Belle-Vue ; A la Vigne*, 10 lits ; *Café-Restaurant du Verger*, Auguste Musslin, 8 lits. La gare se trouve à droite, au delà de la Lauch), bourg exclusivement industriel (filatures et tissages, tuilerie, moulins, carrières), arrosé par la Lauch, et bâti sur une élévation de terrain. Ses origines qui remontent au VIIIe siècle, datent de l'époque de la fondation de l'abbaye de Murbach.

L'église paroissiale est moderne ; elle renferme trois volets peints d'un autel, du XVIe siècle (Ecole Schongauer). A l'entrée du village se trouvait l'ancienne chapelle Sainte-Catherine, dont les origines remontent peut-être à saint Pirmin et qui fut reconstruite au XIIIe siècle. Dans le village, on remarque quelques vieilles maisons.

Traverser Buhl. La route occupe le centre de la vallée, franchit la voie ferrée et laisse à droite le village de **Schweighouse** (1,3 km. ; environ 10 minutes). A gauche à l'entrée du village l'auberge-restaurant « *Au Florival* ».

EXCURSIONS

1. **Schweighouse-Bœnlesgrab-Petit-Ballon,** environ 7 h. 30 à 8 heures aller et retour.

Traverser le village ; à la sortie tourner à gauche — *Ind. ; marques : rectangle jaune rayé de blanc* —, continuer à travers champs, franchir la route de Lautenbach-Soultzmatt, suivre le sentier qui contourne un petit vallon et qui se dirige à gauche en entrant sous bois. Remonter le versant de la montagne après un angle aigu et gagner peu à peu le col, où un chemin forestier descend à gauche sur Lautenbach. A droite par le *Pré du chasseur* (Jægermatt) on aboutit au *Plain de Rouffach* (Rufacher Ebene, 882 m.). — Emprunter le sentier qui part à gauche ; il descend d'abord et remonte ensuite pour déboucher sur un chemin carrossable que l'on quitte à droite après quelques minutes de marche. Traverser la forêt de sapins en suivant les marques et monter en pente douce ; le sentier devient plus raide et rejoint celui venant de Lautenbach. Contourner ensuite à gauche le sommet du *Dornsyl* (982 m.), dont les nouvelles plantations d'arbres cachent la vue, et peu après on atteint le **col du Bœnlesgrab** (ou tombeau de Bœnlé, 865,6 m., déformation de Belengrab = fosse ou tombeau de Belen, dont les origines sont les mêmes que celles du mot Ballon ; point de partage des eaux entre les vallées de la Lauch et de la Fecht. Non loin se trouve la *métairie* du même nom ; (auberge). Cette excursion offre en plusieurs endroits de beaux points de vue sur les alentours, sur la plaine du Rhin, les vallées de Guebwiller et de Soultzbach.

Le Bœnlesgrab est un carrefour, d'où partent diverses routes : vers le Nord on se dirige sur Wasserbourg-Soultzbach (env. 1 heure 50) ; à l'Est par le Plain de Rouffach (10 minutes) sur Soultzmatt (env. 1 heure 50), ou vers le Firstplan (55 minutes) ; au Sud on descend sur Lautenbach (1 heure 15) ; à l'Ouest se poursuit la route militaire créée pendant la guerre et qui relie le Firstplan au Petit-Ballon par la *métairie Strohberg*, pour atteindre ensuite le fond de la vallée de Sondernach.

a) **Bœnlesgrab-Petit-Ballon,** environ 1 heure 20.

Prendre un peu au-dessus du col — *Ind.* — un sentier sous bois qui s'élève doucement en lacets. Il laisse le pré dit *Schellimatt* à gauche et rejoint le chemin venant de Lautenbach. Suivre de là à droite par les pâturages jusqu'au sommet du **Petit-Ballon** (Kahlenwasen, 1.267,6 m.).

b) **Bœnlesgrab-Strohberg-Petit-Ballon,** environ 1 h. 30 — *marques : rectangle blanc, rayé de jaune* —.

Quitter le Bœnlesgrab à l'Ouest soit par le sentier montant, soit par la route militaire. Belle vue sur les alentours jusqu'à la *métairie du Strohberg*, où l'œil embrasse un panorama limité au Nord par le Brézouard et au Nord-est par le Tænnchel, le Hautkönigsbourg, le Hohnack et les Trois-Epis ; plus près on distingue le village de Wasserbourg et son château. — On continue à monter en traversant des pâturages ; une légère descente mène ensuite à la **métairie du Kahlenwasen,** une des plus grandes fermes des Vosges (auberge avec plusieurs lits ; en hiver les environs servent de champ de sports aux skieurs). On rencontre partout aux alentours des vestiges de travaux militaires exécutés par les Allemands pendant la guerre, et des abris taillés dans le roc.

De la métairie au **Petit-Ballon,** on suit le sentier du Club vosgien qui monte à gauche, pour atteindre le sommet en 30 à 35 minutes. Vue superbe.

2. **Schweighouse-Hochfels-Engelstein-Bannstein-Saint-Gangolphe,** 2 bonnes heures.

Traverser le village et suivre la grande route de Soultzmatt. Environ 300 mètres après sa jonction avec la route venant de Lautenbach, remonter à gauche un sentier très raide qui revient en arrière et qui se poursuit ensuite en de nombreux lacets jusqu'à une bifurcation. A droite se dresse le *Hochfels* (507 m). Continuer à gauche par un sentier à pente raide qui traverse la Grossmatt et qui tourne à droite vers l'ancienne borne du *Engelstein* (683 m.) ; vue sur Saint-Gangolphe. Carrefour important. — *Ind.* —. De là le sentier rejoint un chemin forestier, qu'on suit, en descendant vers le **col du Bannstein** (478 m.), au-dessus de la grande route de Soultzmatt. Emprunter celle-ci à droite pendant quelques mètres. A gauche se détache le chemin qui mène à **Saint-Gangolphe,** chapelle-pèlerinage et ferme-auberge, situées dans un vallon ombrageux.

La chapelle est une construction d'un gothique tardif et ses origines remontent au XVe siècle. Elle a été incendiée en 1892 et reconstruite entre 1893-94. Sous un autel placé contre la paroi Est jaillit une source, dont les eaux, captées et amenées à l'extérieur, se déversent dans la fontaine Renaissance placée au dehors. La statue de saint Gangolphe qui la surmonte date du XVIIe siècle ; sur la fontaine sont sculptés les millésimes 1664 et 1788. Le côté Sud de la chapelle porte une petite chaire en plein vent. On y découvrit également, vers 1902, des fresques du XVIIe siècle.

Selon la légende saint Gangolphe, chevalier burgonde, malheureux en ménage, se retira dans cette vallée fleurie, entourée de forêts et garnie de gras pâturages, et planta son bourdon de pèlerin en terre ; une source claire et limpide jaillit quand il le retira. Bientôt s'élevèrent dans le vallon un ermitage et une petite chapelle, et les pèlerins y affluèrent. Le 13 mai de chaque année les communes de Schweighouse et de Lautenbach célèbrent solennellement la fête de saint Gangolphe. Ce qui rend cette journée particulièrement populaire, c'est son marché aux jouets en terre cuite, dit « Kuzamarkt », coutume qui paraît aussi ancienne que la chapelle.

On peut revenir en une petite demi-heure de Saint-Gangolphe à Schweighouse en utilisant le chemin qui part à droite, en aval de la chapelle et rejoint la grande route ; de là au village en quelques minutes. — On peut aussi suivre le chemin qui quitte Saint-Gangolphe vers le Sud et qui se poursuit à flanc de coteau jusqu'à Buhl. — De Buhl à Guebwiller (env. 25 à 30 min.) en longeant les vignobles sur la rive gauche de la Lauch.

3. **Schweighouse-Gauchmatt-Schæferthal-Guebwiller,** env. 3 h. à 3 heures 15.

Remonter de Schweighouse la route de Soultzmatt qui traverse en amont de Saint-Gangolphe une belle forêt. Arrivée au Bannstein, la route descend en pente douce et passe au-dessus de la Gauchmatt. Elle offre quelques belles échappées vers le Nord. Les piétons peuvent prendre avant d'arriver au premier tournant, un sentier à gauche qui conduit à la ferme-restaurant de la **Gauchmatt** (dite Kælbling ou prés des Coucous ; cure d'air entourée de belles forêts de sapins), ancienne dépendance du couvent disparu de Schwarzenthann. — Revenir sur la grande route et continuer jusqu'au premier tournant (de là à Soultzmatt en 40 minutes) ; un sentier sous bois s'en détache à droite et conduit au prétendu *menhir Langenstein*, carré, en grès à poudingue et d'une hauteur d'environ 2 m. 50 — *marques : disques jaunes* —.

Reprendre la grande route et emprunter en face de la Gauchmatt et au débouché du val du Pâtre le chemin vicinal qui laisse à gauche le grand *cimetière militaire roumain*, où reposent plus de 500 Roumains morts pendant la guerre en captivité allemande, par suite de privations et de mauvais traitements. On atteint de là en quelques minutes la maison forestière du **Schæferthal**, à côté de laquelle s'élève la *chapelle-pèlerinage* du même nom, construite par un chevalier ermite.

Le petit sanctuaire, bâti en 1511, renferme une chaire de style rocaille et trois bas-reliefs en bois peint du XIIIe siècle. Quelques vieilles peintures qui s'y trouvaient ont été transférées à l'église de Soultzmatt.

Partir au Sud de la chapelle — *marques : disque jaune* — par un sentir qui monte dans les prés et qui passe ensuite sous bois. Suivre les marques. Le sentier traverse la crête du *Schimberg* (570 m.) et se poursuit jusqu'à l'*Oberlinger*, dont il longe le versant Ouest. — De l'Oberlinger à Guebwiller, voir sous Guebwiller.

⁂

Hôtel de l'Agneau Blanc

Cuisine soignée - Truites vivantes des Vosges

TOURISTES ! demandez partout des

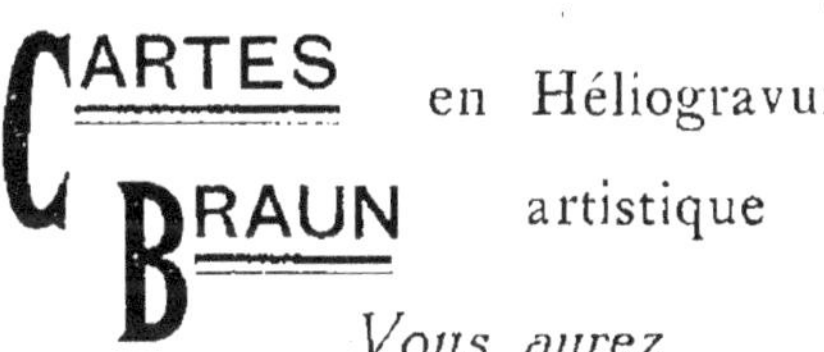

un Souvenir agréable de vos Excursions

HOTEL DE LA GARE

JOSEPH WOLF

LAUTENBACH

(HAUT-RHIN)

Pension. — Cuisine et Cave bien soignées
Chambres confortables - Grande Salle p[r] Sociétés
Maison spéciale pour touristes et voyageurs

LAUTENBACH

CENTRE D'EXCURSIONS

La route de la vallée de la Lauch se dirige de Schweighouse en une légère courbe (la route vers Soultzmatt reste à droite) et en suivant le versant méridional de la montagne vers (4,9 km.) **Lautenbach** (400 m. ; 2.100 habitants ; restaurants : *de la Gare* (Wolf), 14 lits ; *Agneau blanc* (Bordmann), 12 lits ; *Lion rouge* (Stadelmann), etc. ; terminus de la ligne Bollwiller-Lautenbach), situé sur la rive gauche de la Lauch, dans un site des plus pittoresques. Dans le village se trouvent plusieurs établissements industriels.

Les origines de Lautenbach remontent au IXe siècle, époque où des moines venus de Honau, près de Strasbourg, fondèrent sur son emplacement un monastère bénédictin, transformé au XIIIe siècle en collégiale, dépendant du diocèse de Bâle, mais relevant de l'évêché de Strasbourg. Le village a été ravagé, en 1632, par les Suédois.

L'église de Lautenbach est un remarquable monument d'architecture romane qui a malheureusement subi de nombreuses restaurations et d'importantes transformations, surtout entre les XVIIe et XIXe siècles. La façade était primitivement surmontée de deux tours ; on les découronna de leurs flèches et la tour centrale qui les remplaça disparut à son tour, en 1863 ; c'est alors que l'on acheva dans le style primitif la tour du côté Nord. — La nef centrale, accostée de bas-côtés, aboutit à un transept réduit et à un chevet plat qui termine le chœur, épaulé par deux contreforts. Le porche de la façade Sud qui forme un ensemble de trois petits vaisseaux, séparés par une file de supports munis d'impostes décorées de palmettes et de chapiteaux ornés, donne accès au portail décoré de bas-reliefs curieux, d'animaux fantastiques, de monstres et de personnages. Dans le chœur, aux baies à lancettes gothiques, on voit de belles stalles de bois sculpté du début du XVIe siècle. Un vitrail du XVe siècle orne la fenêtre principale ; il représente la Vierge et l'enfant, entourés de saint Georges (ou saint Michel) et de saint Gangolphe (saint Gengoult), patrons de l'église ; au centre se trouve le Christ crucifié, assisté par les anges et ayant à ses pieds saint Jean et les saintes femmes. Dieu le Père domine l'ensemble. — Dans la nef se trouve une belle chaire de bois sculpté du XVIIe siècle, représentant la victoire de saint Michel sur le démon. Dans les cartouches rectangulaires de la cuve on voit les évangélistes et le Bon Pasteur. Ce chef-d'œuvre de sculpture est attribué au même maître qui exécuta l'autel dans la chapelle Saint-Sébastien de Dambach (Bas-Rhin). Quelques vieilles peintures sur verre, un retable consacré à la vierge et à sainte Anne et un petit autel du XVIIe siècle complètent le mobilier de l'église. — Les bâtiments du chapitre se relient à l'église par le côté Nord ; il en reste les vestiges du cloître avec porche surmonté de la date de 1517 et un couloir voûté. En face de l'église existe encore un vieux bâtiment avec arcade et fenêtre gothique.

Lautenbach est la patrie de *Manegold*, philosophe et théologien, appelé, en 1094, à Marbach, où il introduisit la réforme de saint Yves ; le couvent devint ainsi la maison-mère des Augustins d'Alsace. — *Pierre d'Andlau*, le célèbre professeur de droit public à Bâle, fut prévôt du couvent de Lautenbach, en 1486. — Lors de la Révolution, le poète Delille se cachait dans les sombres forêts des environs de Lautenbach.

En face de Lautenbach se trouve le village de **Lautenbach-Zell** (425 m. ; 1.500 habitants ; hôtel-restaurant : *A la Truite du Grand-Ballon* (Ad. Fischer), 12 lits ; chambres meublées chez Madame *Xav. Husser*, *MM. Tacquart et Limacher*), situé sur la rive droite de la Lauch et relié à l'autre rive par un pont. Ses maisons s'échelonnent jusqu'à Sengern.

Le village a été très endommagé par les bombardements de 1915 et l'église, qui datait de 1772, fortement détériorée ; elle est en partie reconstruite.

EXCURSIONS

1. **Lautenbach-Bœnlesgrab**, environ 3 heures aller et retour.

a) Remonter la vallée après avoir traversé Lautenbach. Peu avant la maison forestière et près d'un crucifix — *Ind.* —, continuer à droite par un chemin forestier qui longe le *vallon du Grand-Soultzbach* et reste sur la rive gauche de la rivière. Il monte en pente douce à travers prés et forêts jusqu'au col.

b) Un sentier — *marques : rectangle blanc, rayé de jaune* —, plus pittoresque et plus agréable, part presque au même point — *Ind.* — et longe le chemin forestier qu'il rejoint au Bœnlesgrab. Voir sous Buhl.

2. **Lautenbach-Petit-Ballon**, environ 5 h. 30 aller et retour — *marques : traits blanc et jaune* —.

Du village de Lautenbach jusqu'à la maison forestière environ 15 minutes. — Laisser à droite le chemin forestier du Bœnlesgrab et prendre au delà du pont le

Le lac du Ballon

Le Saut de la Lauch

La ferme du Markstein

Le Chalet des Vosges-Trotters au Markstein

La ferme Moorfeld (Chalet Schlumberger)

sentier qui monte à droite à travers la forêt. Il croise plus haut un chemin forestier, dont il suit les lacets sur environ un kilomètre et se détache ensuite à gauche pour monter en zigzags ; le *Dachsfelsen*, groupe de rochers peu important, reste à gauche. Le sentier continue à droite ; sur le même côté se dresse le *Ruhfelsen* (964 m.), groupe imposant de rochers, d'où l'on jouit d'une belle vue sur les alentours. Continuer tout droit jusqu'à une bifurcation ; (en descendant à droite on arrive en 15 min. au Bœnlesgrab) ; on atteint à gauche la *Schellimatt)*. Suivre le sentier qui monte doucement en lacets par la forêt, puis par des pâturages, pour atteindre le sommet du **Petit-Ballon** ou *Kahle Wasen* (1.267,6 m.). — Du Petit-Ballon au *Hilsenfirst* (1270,2 m.) environ 1 heure de marche — *marques : disques jaunes* —.

3. **Lautenbach-Lieser Wasen-Grand-Ballon,** environ 4 h. 30 pour la montée — *marques : rectangles rouges à bande blanche* —.

Traverser Lautenbach et Lautenbach-Zell et suivre la route jusqu'aux dernières maisons du village, où se détache à gauche un chemin d'exploitation que l'on suivra. Emprunter ensuite au premier tournant un sentier à gauche — *Ind.* — qui monte en pente douce et qui reste sous bois. Il contourne après 40 minutes de marche, le versant Ouest de l'*Ospenkopf* (879 m.) et atteint plus haut le chemin transversal qui vient de Murbach (voir p. 53) et qui continue à droite vers le Gustiberg et le lac du Ballon (voir plus bas). Peu après nouvelle bifurcation ; le sentier à droite conduit au Ballon par la **ferme du Rœdelen** (env. 1 h. 20 ; — *marques : rouge rayé de blanc* —). Continuer à gauche pour arriver en quelques minutes au **Lieser Wasen,** et de là au Grand-Ballon (voir sous Guebwiller).

a) **Lieser Wasen-Gustiberg-lac du Ballon.**

Revenir sur ses pas jusqu'au chemin transversal — *Ind.* ; *marques : rectangle bleu* —. Suivre de là le sentier à gauche à travers bois, franchir le *Kletterbach* (cascade sans importance en contre-bas), continuer à droite par la forêt de Felsenbach et remonter par un pré jusqu'au **Gustiberg** (env. 25 min.), métairie avec auberge (977 m.), au centre de pâturages. — Le sentier se poursuit à travers la forêt, laissant en contrebas les *cascades du Seebach* et tourne à gauche pour se diriger vers le **lac du Ballon ;** environ 15 minutes. (Voir sous Guebwiller et sous le Vallon du Seebach.)

La grande route de Lautenbach et le chemin de Lautenbach-Zell se suivent sur les deux rives de la Lauch et se rejoignent aux dernières maisons de Linthal —. En face de Linthal sur la rive droite de la Lauch se trouve le village de **Sengern** (457 m.).

Très malmené, puis incendié, en 1914, par les troupes allemandes, le village était, au XIIIe siècle, un fief de l'abbaye de Murbach. Il possède une petite chapelle du début du XVIIe siècle, dédiée à saint Nicolas ; une porte latérale porte la date de 1628.

A droite et en aval de Sengern débouche un étroit vallon ; entièrement creusé dans le terrain de transition, celui-ci forme presque toute la masse des hautes montagnes qui barrent la vallée de Guebwiller, du côté de l'Ouest. Ce vallon qui cache les maisons disséminées de **Linthal** (497 m. ; 753 habitants), complètement détruites par les bombardements de 1914-15, est traversé par un ruisseau qui descend du Hilsenfirst et du Petit-Ballon. — De Linthal au lac du Lauchen, voir p. 69 en sens inverse.

En amont de Linthal, près du pont de la Lauch et à proximité des ruines d'une scierie, on traverse l'ancien front de guerre et on débouche dans l'étroite gorge de la Lauch, encaissée, humide et dont la route suit les sinuosités du terrain, tandis que la rivière reste en contre-bas. Après un quart d'heure de marche on atteint la maison forestière *Sægmatten*, détruite ; peu après à gauche, on voit la tombe et le petit monument, érigé à la mémoire de *Gaston Brun* de Soultzmatt, tué en septembre 1914, au retour d'une reconnaissance, par une sentinelle d'un poste avancé français.

Un sentier à gauche gagne le pittoresque **vallon du Seebach,** à droite se dressent les vestiges du **château de Husen** (672,7 m.) qui dominent le confluent de la Lauch et du Seebach.

Le château de Husen, appelé aussi Husenbourg, Huser- ou Husener Schloss, appartenait à la famille noble de *Domo* ou *vom Hus,* une des plus puissantes d'Alsace dès le XIIIe siècle et dont les membres furent des ministériaux de Murbach, qui s'enrichirent au détriment de l'abbaye. Le château qui défendait le passage de la vallée de la Thur par Wildenstein, dans celle de Guebwiller, était perché sur un promontoire rocheux, entouré d'un mur d'enceinte. Il tomba en ruines au XVe siècle. Les vestiges actuels sont insignifiants et ne méritent pas d'être visités.

* * *

Le vallon du Seebach

Le vallon du Seebach, jonché du côté Est de blocs isolés de grauwacke et de schistes, se termine en cirque comme la vallée principale.

Lac du Ballon-Grand-Ballon, environ 3 heures en partant du monument Brun ; — *marques : rectangle rouge, rayé de blanc* —. Emprunter le sentier à gauche et s'engager sur la route forestière que l'on suivra jusqu'à une bifurcation. A droite se détache le sentier qui conduit à la ferme de *la Roll* (833 m ; auberge), située sur un plateau couvert de pâturages et entouré de forêts. On continue à gauche et peu à peu on perçoit le bruit sourd de la **chute du Seebach,** dont les cascades comptent parmi les plus belles des Vosges, à l'époque des grandes eaux. Le Seebach, émissaire du lac du Ballon, traverse une gorge sombre, rocheuse et boisée, et ses eaux tombent écumantes et bouillonnantes en diverses cascatelles dans le vallon qui contourne le flanc Ouest de la montagne. Un pont traverse le ruisseau au bas de la chute ; un rocher surplombe plus haut une belle vue sur la cascade.

Suivre le sentier qui monte à droite et qui débouche près de la digue du **lac du Ballon** (986 m.), situé au pied de la pyramide qui termine le Grand-Ballon.

Le lac, caché dans un entonnoir profond entouré de forêts, contraste avec les sites sauvages d'alentour. Il a une superficie de 7,5 ha. et une profondeur de 22 à 23 mètres. Son bassin affecte la forme d'une cuvette presque ovale, entaillée dans des quartzites et des grauwackes, et ses eaux limpides, peuplées de truites, reposent sur un fond sableux, couvert de terrains alluviaux et de nombreux troncs de sapin pourris. La digue naturelle a été surmontée, en 1850, d'un barrage maçonné ; les eaux du lac qui se déversent par une galerie souterraine, sont utilisées pour les besoins de l'industrie et de l'agriculture.

Le niveau du lac a été surélevé de 15 mètres, par Vauban, en 1702, dans le but d'utiliser les eaux de la montagne pour l'alimentation d'un canal qui devait servir au transport des matériaux pour la construction de la forteresse de Neuf-

Brisach. Les travaux terminés, l'entretien de la digue provisoire fut négligé et, le 20 décembre 1740, par suite d'une crue subite des eaux, la digue se rompit et la masse d'eau se précipita dans la vallée, inondant la contrée, emportant et détruisant tout sur son passage. Guebwiller fut sauvé du désastre grâce à son mur d'enceinte qui existait alors encore, mais le village d'Isenheim en subit les conséquences tragiques.

Suivre la digue à droite et rejoindre le chemin venant de la *Roll — marques : rectangle rouge, rayé de blanc.* a) Longer le côté Ouest du lac et monter ensuite en de nombreux lacets et à travers une forêt de hêtres jusqu'au **col du lac** (Seesattel ; 1240 m ; environ 45 minutes). On atteint le sommet du Ballon en suivant soit à gauche l'ancien chemin des Pionniers, soit, également à gauche, la route en construction (env. 30 min.). b) Suivre le chemin forestier qui monte en trois quarts d'heure à la ferme du *Mordfeld* (aub.).

* * *

Reprendre la grande route, laisser la maison forestière *Schmeltzruntz* à droite et continuer jusqu'au chantier de *Rothmiss* (45 minutes) ; de là monter en lacets au lac du Lauchen (35 minutes).

Un chemin plus agréable et plus pittoresque part à gauche, en amont de la maison forestière Schmeltzruntz et reste sur la rive droite de la Lauch. Traverser ensuite les dépendances de la maison forestière *Niederlauchen* (auberge), située au centre d'une clairière et rejoindre la route de voitures qui monte au Ballon. Suivre, un peu au delà, le sentier à droite (celui qui monte à gauche rejoint un chemin de chars aboutissant à la route de la Roll) qui débouche sous la *cascade de la Lauch* (759 m.) ; les eaux de la rivière se précipitent du haut d'un plateau dans une gorge étroite et sombre, d'où le nom de *Saut de la Lauch* ou **Lauchsprung.** Ponts rustiques. — Reprendre le sentier qui grimpe en zigzags jusqu'au lac (environ 15 km. de Lautenbach).

LE LAC DU LAUCHEN

CURE D'AIR

Le **lac du Lauchen** (924 m. ; *hôtel du Lac* ; 16 lits), situé au fond d'un cirque aux versants boisés, occupe l'emplacement d'une dépression marécageuse aux origines glaciaires.

Le lac du Lauchen

Le lac endigué a une superficie de 11 ha. et une capacité de 800.000 mètres cubes. Sa profondeur est de 20 mètres. Son mur de barrage, arqué, construit de 1889 à 1894, a une longueur de 250 mètres et une hauteur de 27 mètres ; il mesure à sa base, posée sur le granit, 17 mètres et à sa couronne 4 mètres.

De la terrasse de la digue on jouit d'une belle vue vers le Grand-Ballon, le Petit-Ballon et les environs.

EXCURSIONS

1) **Lac du Lauchen-Markstein-Route des Crêtes.**

En Auto : La nouvelle route contourne le lac et

La Strasbourgeoise
ARGENTORATUM
MARQUE DEPOSÉE
FABRIQUE ALSACIENNE
DE
Bretzels et Flûtes salées
Jos. Muller
Grand'rue 91
Entrée rue du savon
STRASBOURG

monte en un grand lacet la pente Nord du Markstein. Elle passe près du **Chalet-refuge** de la société des **Vosges-Trotters de Mulhouse,** bâti en 1911 et agrandi en 1923. Cette construction est une des plus belles des Vosges et des mieux aménagées. On y jouit d'une magnifique vue sur le Breitfirst, le Jungfrauenkopf et le lac du Lauchen. Aux environs, excellents terrains de ski et un bon tremplin. Après 500 m. on atteint le sommet et on rejoint la route des Crêtes au-dessus de la **Ferme du Markstein** *(auberge)* ; carrefour avec *Indicateurs.*

Tout droit la route descend à *Ranspach-Wesserling*, du côté Est la **Route des Crêtes** contourne le *Markstein* et le *Storkenkopf* et mène au **Grand-Ballon ;** du côté Ouest elle contourne le *Jungfrauenkopf*, le *Breitfirst*, longe la crête jusqu'au *Herrenbergsattel*, passe par le *Rotabac* et le *Rainkopf* pour aller au **Hohneck** et de là à **la Schlucht.** A 300 m. du carrefour se trouve à gauche la **cantine Wolf.** *(Excellents dîners, très fréquenté par les automobiles).*

(Jusqu'en 1928 les tronçons de routes du lac du Lauchen au Markstein et du Markstein au Grand Ballon sont impraticables aux autos.)

2) **Lac du Lauchen-Markstein-Treh-Col d'Oberlauchen-Lac du Lauchen,** environ 5 heures de marche.

Les piétons traversent la digue et gravissent en face les marches de l'escalier qui mène à une terrasse d'où l'on jouit d'une superbe vue sur le lac. On s'engage ensuite sur le sentier qui grimpe en plusieurs lacets la pente Nord du Markstein. Après 20 minutes on rejoint la route qu'on peut suivre, ou descendre à gauche pour prendre 400 m. plus bas le sentier qui se dégage à gauche, traverse la forêt, débouche sur les pâturages en contrebas du *Chalet-refuge des Vosges-Trotters* de Mulhouse et mène tout droit à la **Ferme du Markstein** (voir sub. 1).

De la ferme on suit le chemin carrossable qui se dirige vers le Nord-ouest (à gauche descente raide sur Ranspach et Oderen) et rejoint le chemin forestier descendant à gauche vers Kruth près de la **Ferme du Treh** *(auberge-refuge).* — *Ind.* —. Continuer à droite le long de ce chemin. Après une dizaine de minutes et en restant sur le versant Nord-ouest du Trehkopf on croise la route des Crêtes. De là tout droit en 8 minutes à la chaume du **Steinlebach** (1.133 m. ; auberge) que l'on atteint aussi par un sentier direct, montant du lac de Lauchen (30 minutes). — Du Steinlebach à gauche on monte par le **Breitfirst** à la **métairie du Klein-Hahnenbrunnen,** environ 20 min., en suivant en partie la route des Crêtes. — De là par le *col du Herrenberg* (à gauche descente sur Krüth, 1 h. 30), le *Rotabac*, le *Rainkopf* et le *Hohneck* à la **Schlucht,** environ 5 h. 45 à 6 heures de marche.

De la métairie du Steinlebach on part à gauche (à droite vers la métairie d'**Oberlauchen)** ; monter ensuite en lacets par les pâturages jusqu'au col d'Oberlauchen (1.210,3 m.). — (Du col à Metzeral, voir « Les Vosges Pittoresques », volume II, p. 200 en sens inverse.) — On descend du col à droite sur la métairie (15 minutes) et en lacets par la forêt vers le lac.

3) **Lac du Lauchen-Markstein-Moorfeld-Grand-Ballon,** environ 2 h. 45 à 3 heures.

Du lac au Markstein, voir N° 1 et 2. — De là continuer par la route des Crêtes qui longe le versant Ouest de la *Tête du Markstein* (1.240,7 m.), ou par le sentier — *marques rouges* — qui, au-dessus de la route, contourne le Markstein et le *Heidelbeerkopf* et rejoint la route des Crêtes à la jonction — *Ind.* — avec le *Chemin des Pionniers* venant directement du lac du Lauchen par le **Hofried** *(aub.)*. On peut suivre la route, ou contourner le versant Nord du *Hundskopf* (1.237 m.) par un sentier qui va vers le **refuge de l'Union Sportive Mulhousienne** — *Ind.* — et la ferme-refuge du **Moorfeld** dit Mordfeld, pour rejoindre la route des Crêtes sur le flanc Nord du *Storkenkopf* (1.361,8 m.). Au-dessus de la ferme, bifurcation de la route des Crêtes menant à *Geishouse*.

On débouche après une demi-heure au **col du lac** (Seesattel) — *Cantine du Hag* — et atteint 500 m. plus loin l'**Hôtel du Ballon.** (Voir sous Grand-Ballon.)

4) **Lac du Lauchen-Klinzkopf-Petit-Ballon,** environ 2 h. 30 de marche.

Suivre la route vers Lautenbach et emprunter le

premier sentier à gauche — *marques : rectangle bleu barré de jaune* — qui monte en de nombreux lacets au **Klinzkopf** (1.238,4 m.), en laissant à gauche le sentier qui se dirige vers la métairie d'*Oberlauchen* ; à droite, presque en face de ce sentier, se dresse le *Heidenfelsen*, groupe de rochers, sans vue. — Sur le versant Sud-est du Klinzkopf se trouvait pendant la guerre le *camp Larchey*, soigneusement installé et occupé vers la fin de la guerre par les troupes américaines.

Du Klinzkopf au Petit-Ballon — *marques : disques jaunes* — voir «Les Vosges Pittoresques» Tome II, p. 200 et 201.

5) **Lauchen-Ferme de la Roll-lac du Ballon-Grand-Ballon,** environ 3 h. 30 à l'aller ; — *marques : rectangle bleu* —.

Quitter le lac près de la terrasse et suivre le sentier jusqu'à une carrière. Vue. — Continuer en gravissant les marches d'un escalier et traverser ensuite une belle forêt pour rejoindre un chemin forestier qui tourne en angle serré à gauche, en traversant le ravin du *Hirzengraben*. A droite se dégage un sentier qui monte en lacets très raides au Moorfeld; un autre mène directement au lac du Ballon (env. 1 h. 45). — Continuer sur le chemin forestier qui passe au-dessus de la maison forestière Niederlauchen et rejoint au premier tournant la route carrossable qui monte au Ballon. Bien ombragée, elle atteint de là en quelques minutes la ferme de la **Roll** (833 m.), petite auberge située sur le versant oriental du vallon, au centre d'une belle clairière, d'où l'on jouit d'une superbe vue sur les sommets des environs et sur la cascade du Seebach, vers laquelle mène un sentier qui part à gauche de la ferme. — Reprendre la route ombragée qui débouche après 40 minutes au lac du Ballon. — Du lac au Grand-Ballon, env. 1 h. 15, voir sous vallon du Seebach.

6) **Lauchen-Klinzkopf-Linthal,** environ 3 heures de marche ; — *marques : rectangle bleu barré de jaune*.

a) Du lac du Lauchen au Klinzkopf, voir No 4. — Suivre de là à droite la route vers le Hilsenfirst. Non loin d'une petite source et après un double lacet de la route, se détache à droite un sentier qui descend rapidement à travers bois et qui remonte ensuite par les pâturages, au-dessus du hameau de *Remspach*, après avoir traversé l'ancienne ligne du front. Il se poursuit de là par la forêt, longe une clairière et descend en de nombreux zigzags par la *Linzersmatt* sur **Linthal.** — De Linthal à Lautenbach, voir p. 62 en sens inverse.

b) Suivre le sentier qui monte au Klinzkopf — *marques : rectangles bleus* —. Au premier lacet continuer à droite par un chemin forestier qu'un sentier quitte bientôt à droite pour rejoindre plus haut une route carrossable que l'on suivra sur environ 500 mètres. Un sentier s'en détache ensuite à droite et remonte le vallon du *Schmelzruntz*, traverse le ruisseau, descend et longe le bas de la forêt domaniale de Linthal, puis continue à monter en contournant les vallons du *Höllenruntz* et du *Schellruntz*, où il franchit l'ancien front de guerre qu'il longe à droite. La petite chapelle de *Notre-Dame de Remsmatt*, construite en 1888, reste à droite. — Le sentier gagne ensuite Linthal après avoir fait la jonction avec celui venant du Klinzkopf. — Cette excursion assez dure, exigeant environ 2 h. 30, n'est recommandée qu'aux bons marcheurs.

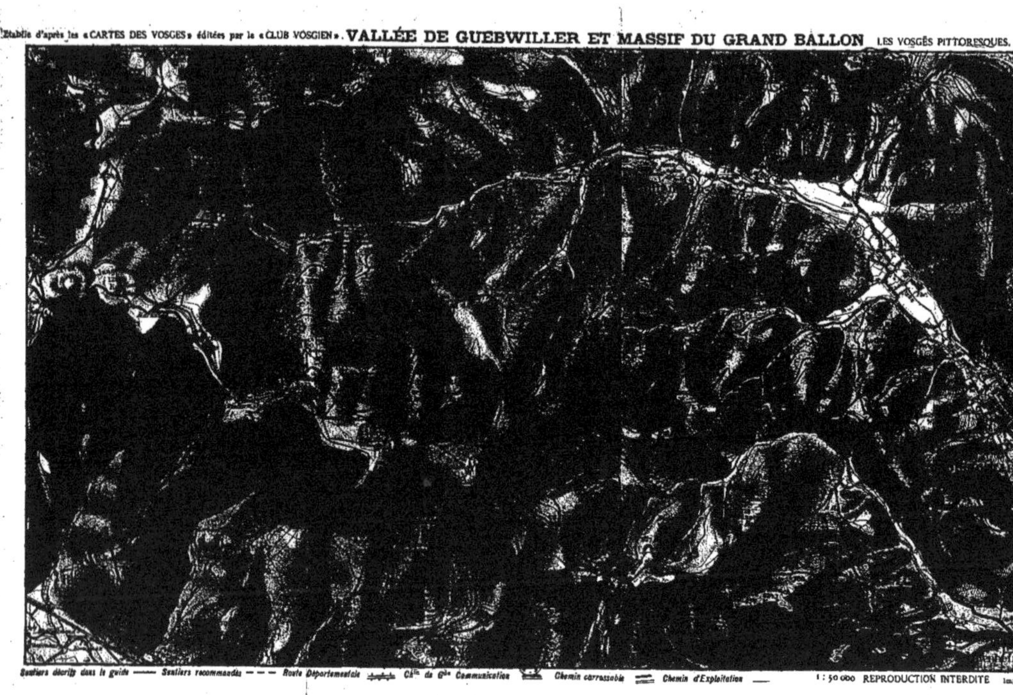
Établie d'après les « CARTES DES VOSGES » éditées par le « CLUB VOSGIEN ».
VALLÉE DE GUEBWILLER ET MASSIF DU GRAND BALLON
LES VOSGES PITTORESQUES.
Sentiers décrits dans le guide
Sentiers recommandés
Route Départementale
Ch^in de G^de Communication
Chemin carrossable
Chemin d'Exploitation
1 : 50 000
REPRODUCTION INTERDITE

Typographie - Clichés
Gravure en Creux
chez
BRAUN & Cie, DORNACH
Paris - Londres - New-York

www.ingramcontent.com/pod-product-compliance
Ingram Content Group UK Ltd.
Pitfield, Milton Keynes, MK11 3LW, UK
UKHW021122260726
13994UKWH00002B/961